엄마는 그림책을 좋아해

이 책의 저작권은 톰캣에 있습니다.
저작권법에 의해 한국 내에서 보호를 받는 저작물이므로
무단 전재와 복제를 금합니다.

엄마는 그림책을 좋아해

이혜미 지음

추천사

안정된 직장을 그만두고 서점을 하는 일은 용기가 필요하다. 때로는 아무도 찾지 않는 시간을 견디고, 매출의 불균형을 견디고, 생활의 불균형을 견디며 한 해 또 한 해를 지나 서점 경영 3년 고비를 넘기는 것은 근성이 없이 불가능하다.

결국 여기, 용감하고 근성 넘치는 한 사람의 이야기가 마침내 마침표를 찍고 한 권의 책이 되었다. 그림책방 근근넝넝 이혜미 대표의 흔치 않은 그림책 사랑에 대한 이야기 속에서 당신이 밑줄 치지 않고는 배길 수 없는 한 문장을 찾길 바란다, 내가 그랬듯이.

_달달북스&마들렌플러스 대표, 그림책 작가 이달

책을 좋아하던 소녀는 숙녀가 되고 회사에서 열심히 자신의 위치를 점한다. 그사이 또 다른 '나'에 얹어진 정체성, '엄마'가 되며 갖게 된 수많은 고민의 흔적을 보는 순간 코끝이 아렸다. 아이가 성장하듯 엄마도 성장하며 그 틈에 맺히고 풀리는 이야기가 맛있다. 절실한 한 여자의 삶이 오롯이 보여 공감되고 또 그 삶이 어떻게 펼쳐질지 기대가 된다. 그림책과 함께 가는 그 길이 따듯하길 바라며, 여전히 나라는 인간으로서 존재하고 성장하고 싶은 모든 엄마들에게 이 책을 추천한다.

_그림책심리성장연구소 소장, 독서치유심리학자 김영아

이혜미 작가의 이야기 하나하나를 찬찬히 살펴보면 마치 다채로운 그림책을 보는 것 같다. 이제 막 세상에 내던져진 아이가 그림책 속에서 도전과 실패를 반복하며 삶을 배우듯, 그녀도 그림책방 속에서 아이와 함께하는 인생을 새로 배운다. 따뜻한 책방에 가득한 그림책들은 책방지기가 순간순간 마주하는 시간들과 자연스럽게 맞닿아 있다. 엄마와 책방지기, 이 두 개의 삶은 선택이 아닌 공존의 삶일 것이다. 그 삶을 사랑하고, 또 살아내기 위한 마음이 책 속에서 좌충우돌의 이야기로 생생히 그려진다.

_핑거 출판사 대표, 그림책 작가 조미자

  그림책을 사랑하는 사람들에게 꿈이 뭐냐고 물어보면, 10명 중의 8명은 이렇게 대답한다. "예쁜 책방을 운영하는 책방지기요. 향기로운 커피까지 함께 있는 책방이라면 더할 나위 없고요."라고 말이다. 그런 분들께서 이 책을 읽는다면 아마도 '아하!' 했다가 '저런……' 했다가 '그래!' 하게 되리라. 한 장 한 장 이 시대의 진정한 책방지기의 희로애락이 담긴 책, 위로받고 싶을 때 꺼내어 볼 수 있게 내 책장 가장 손이 잘 닿는 곳에 끼워두고 싶은 책이다.

_재미드니 책연구소 대표, 작가 송현지

  이혜미 대표가 진행하는 온라인 책방 시사회에 초대된 적이 있다. 나는 벌벌 떨며 오픈한 지 3개월밖에 안 된 책방을 소개하는데, 편안한 모습의 선배 책방지기가 한없이 부러웠다. 열이 나서 칭얼대는 아이를 내내 안고 있었던 화면 밖의 사정은 시사회가 끝난 후에야 알았다. 책방의 모습도 이와 같지 않을까. 평온한 책방을 위해 안 보이는 곳에서는 끊임없이 분주할 책방지기들. 나를 응원하는 마음으로 이혜미 대표의 첫 책 『엄마는 그림책을 좋아해』를 응원한다.

_굼벵책방 대표 김지연

프롤로그

조금 더 나은 사람이 되고 싶어서

 첫째 아이가 학교 숙제로 나를 인터뷰한 적이 있다. 가족이나 주변 사람이 하는 일, 그러니까 그 사람의 업에 대해 조사해서 발표하는 숙제였다. 그 숙제 발표를 하고 온 날, 아이가 신기하다는 듯 나에게 말했다.

 "엄마, 이제 보니까 서점을 하는 사람은 우리 학교에 엄마밖에 없어!"

 "당연히 없지. 우리 동네에 서점이 거의 없는데, 서점 하는 사람이 얼마나 있겠어."

 이렇게 말했더니 "아, 그렇구나" 하고 답하는 모습이 귀엽다. 아이가 나중에 좀 더 크면 책방 사장인 엄마를 어떻게 생각할까? 엄마는 왜 책방을 하냐고 묻는다면 나는 어떤 답을 할 수 있을까? 가끔 "그런데 서점은 취미로 하시는 거죠?"라며 물어오는 사람들이 있다. 그런 질문을 받으면 갑자기 말문이 막힌다. 아마도 기본적으로 돈이 안 되는 일이라는 걸 알고 하는 얘기일 테고, 주말에도 거의 영업을 하지 않고 평일도 운영 시간이 비교적 짧아 그렇게 생각할 수도 있다고 본다.

취미의 뜻을 사전에서 찾아보면 이렇게 설명하고 있다.

'전문적으로 하는 것이 아니라 즐기기 위해 하는 일.'

내가 6년간 겪어온 책방은 절대 그냥 즐기기 위해 할 수 있는 일은 아니었다. 하면서 즐거운 순간이야 많았지만 나는 이 일을 내 평생의 업으로 생각하고 전문적으로 하는 중이다. 아무튼 절대 취미로 하는 건 아닌데, 그건 정말 아닌데 뭐라고 답해야 할지 딱 떨어지는 답이 생각나질 않아 얼버무릴 때가 많았다. 그런데 이젠 그 질문에 제대로 답해야 할 때라는 생각이 든다.

나는 행복해지기 위해 책방을 한다. 어떤 사람은 아이를 돌보고 가정을 챙기는 일만으로도 충분히 행복을 느낀다. 또 어떤 사람은 많은 돈을 벌어야 행복하다. 또 누군가는 다른 사람을 도울 때 행복하다고 말한다. 저마다의 행복은 다르다. 나는 나의 일을 가지고 있을 때 행복한 사람이다. 특히 세상에 나와 무언가 가치 있는 일을 한다고 느낄 때 행복을 느낀다. 그렇지만 엄마로서의 삶도 포기할 수 없다.

예전의 나는 돈을 많이 벌수록 행복할 거라고 생각했다. 물론 살아가는 데 돈은 중요하다. 지금보다 조금 더 번다면 행복지수가 조금 더 올라갈 수도 있을 것이다. 그렇지만 너무 많이 가질 필요도 없다. 우리 가족 먹고사는 데 큰 문제가 없을 정도의 돈만 있어도 충분하다. 그래서 나는 이 일을 선택할 수 있었다. 엄마로서의 내 삶에서도 의미 있고 가치 있는 일을 하고 싶어서 말이다.

책과 함께 살아갈 수 있어서 행복하다. 그 안에서 계속 새로운 도전을 하고 또 다른 꿈을 꿀 수 있어서 행복하다. 아이들에게 경제적 풍요로움은 주지 못해도 안온한 공간 안에서 함께할 수 있다는 것이 행복하다. 세상 무뚝뚝한 내가 조금은 따뜻하고 다정한 사람이 되어간다는 것이, 또 누군가가 이 공간 안에서 위로받고 용기를 얻어간다는 사실이 행복하다. 이런 모든 것들을 행복이라고 발견할 수 있는 나라서 행복하다.

세상엔 다양한 엄마들이 있다. 엄마라고 다 똑같은 것은 아니다. 맛있는 밥을 해주며 살뜰히 아이들을 보살피는 엄마, 다른 건 몰라도 언제나 사랑이 가득한 말로 아이들을 품어주는 엄마, 아이들을 위해 내 시간과 에너지를 기꺼이 다 쓰는 엄마도 있다. 아이의 성공을 나의 성공으로 생각하는 엄마도 있고, 사랑하지만 그 마음을 제대로 표현하지 못하는 엄마도 있다.

미안하게도 나는 요리를 못해서 맛난 집밥도 잘 못해주고, 아이들 교육에도 크게 신경 쓰지 못하고, 버럭버럭 소리도 잘 지르는 엄마다. 이렇게 부족한 것투성이인 엄마지만 나는 내가 나쁜 엄마라고 생각하진 않는다. 내가 아이들에게 엄마로서 보여주고 싶은 모습은 따로 있기 때문이다.

내가 가치 있다고 생각하고 좋아하는 일을 꿋꿋이 해나가는 엄마, 아이를 핑계로 자신의 꿈을 포기하지 않는 엄마, 아이들과 함께 무슨 일이든 씩씩하게 하는 엄마. 나는 그런 엄마가 되고 싶어서 책방을 한다. 그래서 아이들이 "엄마는 왜 책방을 해?"라고 묻는다면 이렇게 말할 것이다.

"조금 더 행복한 엄마가 되고 싶어서, 조금 더 나은 사람이 되고 싶어서 하는 거야."

훗날 아이들이 이 책을 읽을 수 있는 나이가 되었을 때 내가 정말 그런 엄마, 그런 사람이 되어있으면 좋겠다.

2024년의 끝자락에서
이혜미

차례

추천사 004
프롤로그 조금 더 나은 사람이 되고 싶어서 006

1장 회사는 관두고 책방을 차렸습니다

- 동아줄을 내려주세요 015
- 왜 하필 그림책? 021
- 지금이 바로 그 타이밍 028
- 내 책방 찾아 삼만 리 033
- 욕심은 예산 초과를 부르고 038
- 월세 시계는 빠르게 흘러간다 045
- 오늘부터 1일, 책방 문 열었습니다 051
- 크리스마스에 책을 살까요? 056
- 왜 여기서 책을 사야 하는데? 061
- 아이와 함께 일한다는 것 067

- **새로운 시도가 두려운 당신을 위한 그림책 추천** 072

2장 본격 동네 책방 운영기

- 우리 그림책 모임 할까요? 077
- 우리 책방에 작가님이 오신다면 083
- 내가 그림책을 고르는 방법 088
- 비수기와 성수기 093
- 문턱 낮추기 프로젝트 097
- 책방지기의 자격 103
- 진짜 공부, 배우는 즐거움 111
- 몽상가이거나 이상주의자, 혹은 멍청이 116
- 책방지기의 인생 그림책은 122
- 내 생애 첫 출장 128
- 신청 마감되었습니다 132

- **넘을 수 없는 벽에 부딪힌 당신을 위한 그림책 추천** 136

3장 엄마는 책방지기

- 세금을 안 내도 된다고요? 141
- 깊은 밤 책방에 불이 켜지면 145
- 두 번째 임신 149
- 무기력이 찾아왔다 154
- 태교는 그림책으로 158
- 책방 아이의 탄생 164
- 그림책으로 육아를 배웁니다 170
- 너의 이름은 176
- 엄마의 무게 180

- **매일 고군분투하는 세상 모든 엄마를 위한 그림책 추천** 186

4장 중요한 건 꺾여도 그냥 하는 마음

- 빗물과 눈물 191
- 새로운 시작 197
- 서로가 서로에게 203
- 매일 꾸준히 하는 일 208
- 함께 걷는 길 216
- 운전 예찬 221
- 내가 살고 싶은 동네 227
- 그림책이 내준 숙제 231
- 슈퍼맘은 없다 236
- 본업과 부업의 경계는 어디? 240
- 부러움에 지지 않는 법 245

- **함께하는 행복을 느끼고 싶은 당신을 위한 그림책 추천** 250

5장 그래도 서점은 계속된다

- 학부모가 되다 255
- 책방 밖으로 261
- 홍보는 어려워 265
- 책방집 아이들은 뭔가 다른가요? 270
- 어쩌다 보니 시즌3 274
- 마음이 가난해지지 않도록 280
- 열정과 무기력 사이 284
- 다시 시작하고 싶은 당신에게 289
- 데굴데굴 굴러온 6년 294

- **꿈을 찾아가는 당신을 위한 그림책 추천** 298

에필로그 당신의 꿈이 무엇이냐 묻는다면 **300**

1장
회사는 관두고 책방을 차렸습니다

동아줄을 내려주세요

아이가 세 돌에 가까워질 무렵 그 일이 일어났다. 칼퇴근도 가능하고 휴가 사용도 자유로운, 워킹맘으로서는 꽤 괜찮은 조건의 회사에 다녔지만, 팀 업무 특성상 한 달에 두세 번은 주말 근무를 해야만 했다. 지금은 아이 둘도 혼자 케어할 수 있는 남편이지만, 그때의 남편은 나보다도 더 육아에 미숙했었다. 그래서 내가 주말 근무를 해야 하는 날이면 아이를 시댁이나 친정에 맡기고 일을 하러 갔다. 그날도 친정에 아이를 맡기고 출근을 하려는데, 평소에 안 그러던 아이가 나를 붙잡았다.

"엄마, 가지 마."

그렇다고 출근을 안 할 수는 없었다. 우는 아이를 떼어놓고 일을 하러 갔다. 그리고 집에 돌아왔을 때 아이는 잠들어 있었다. 친정 엄마 얘기로는 엄마를 찾지도 않고 금세 울음을 그치고 잘 놀았다고 한다. 잠든 아이의 모습은 참 예뻤다.

'이제 조금 이따가 잠에서 깨면 언제나 그랬듯이 웃으면서 나에게 달려와 안기겠지…….'

그런 생각을 하고 있던 중 아이가 눈을 떴다. 아이는 나를 보더니 갑자기 마구 소리를 질렀다.

"엄마 싫어! 엄마 가버려!"

아이를 달래주려 했지만, 아이는 나의 손길을 거부했다. 발길질까지 해가며 엄마가 싫다고 계속 소리를 질렀다. 그렇게 한 이삼십 분쯤 시간이 흘렀을까. 겨우 진정된 아이를 데리고 다시 집으로 돌아오는데, 운전하면서 자꾸만 눈물이 났다. 무언가 잘못된 것 같았다. 나도 아이도 잘 지내고 있다고 생각했는데 아니었나 보다. 가지 말라고 애원해도 자신을 두고 떠나는 엄마를 보면서, 아이는 어떤 마음을 품고 아무렇지 않은 듯 하루를 보냈을까. 나는 아직도 그날을 떠올리면 가슴이 먹먹해진다. 잊히지가 않는다.

그날 이후 같은 일이 반복되지는 않았지만, 내 눈에 아이는 시한폭탄처럼 불안해 보였다. 나에게도 어떤 결정을 내려야 하는 시기가 찾아온 것이다. 주말 근무가 없는 다른 회사로 이직을 해야 하나? 아니면 회사에 단축 근무를 신청해야 하나? 지금보다 워라밸이 좋은 회사를 찾는 건 하늘의 별따기고, 단축 근무는 전례가 없는 일이었다. 이러지도 저러지도 못하고 머릿속에는 '퇴사'라는 단어밖에 떠오르지 않았다.

'둘째도 낳고 싶은데, 아이 하나 가지고도 이렇게 허덕이는 상황에 회사를 다니면서 과연 둘째까지 낳고 키울 수 있을까? 아, 나도 결국 이렇게 그 흔한 경력 단절녀가 되는 거구나……'

말 못할 고민을 간직한 채 출근을 하다 보니 일에 대한 집중도도 떨어지고 있었다. 어쩌면 진짜 불안했던 건 아이가 아니라 나였을지도 모른다. 아이를 키우며 나는 항상 불안했다. 그러면서도 그 사실을 애써 외면하고 살아왔는데, 아이의 불안으로 결국 나의 불안과 대면하게 된 것이다. 지금 생각해 보면 그때 불안을 마주하게 된 건 하나의 행운이었다. 불안함을 느낀 덕에 삶에 변화가 필요하다는 사실을 인정하게 됐으니까.

조미자 작가의 『불안』이라는 그림책이 있다. 인생을 즐거움이나 편안함, 행복같이 마음 편하고 긍정적인 감정으로만 살 수 있다면 좋겠지만, 현실은 그렇지 않다. 외면하려고 애쓰고 노력해도 우리는 종종 마음속에 숨겨둔 불안과 얼굴을 마주한다. 그때 나의 불안은 그것이었다. 이러다가 내가 아이를 망가트릴지도 모른다는 불안, 그렇다고 아이를 위해서만 살아가다가 나를 잃어버리게 되는 건 아닐까 하는 불안⋯⋯.

아이러니 하게도 그 불안의 끝에서 발견한 건 바로 사랑이었다. 나는 아이를 사랑해서 불안했고, 또 그만큼 나 자신을 사랑해서 불안했다. 그 두 가지 사랑이 공존할 수 없을 거라는 생각 때문에 불안했던 것이다. 그렇게 깨닫고 나니 무섭고 두렵기만 했던 불안이 나에게 말을 걸어왔다. "괜찮아, 방법이 있을 거야. 우리 같이 고민해 보자"라고.

때마침 뉴스 기사에서 근래에 조금씩 늘어나는 동네 책방에 대한 기사를 보게 되었다. 전에도 그런 기사를 몇 번 보았지만 요즘의 트렌드로 여기고 잠시 부러워했을 뿐이었다. 이 시점에서 다시 마주한 동네 책방에 대한 기사는 뭔가 나를 흥분시켰다.

'나도 책방을 해보면 어떨까?'

나에게도 책방 주인이라는 로망이 있었다. 다만 그 시기에 대해서는 '은퇴 이후 여유가 생기면'이라는 전제가 있었을 뿐.

정말 그저 로망이었던 것이다. 그런데 왜 꼭 은퇴 이후에 해야 하나? 지금 하면 안 되나? 서점이라면 아이와 함께 좀 더 시간을 보내면서도 일을 계속할 수 있을 것만 같은데……. 생각의 꼬리가 자꾸만 길어지더니 머릿속이 온통 '책방 하고 싶다'로 가득 찼다. 어쩌다 책방을 차리게 되었냐고 묻는다면, 내 대답은 이거다. 경력 단절의 위기에서 나와 아이를 구제해 줄 동아줄 하나가 내려왔는데, 그게 바로 책방이었다고.

물론 그렇다고 바로 결심을 한 건 아니다. 나에게는 가장 큰 두려움이 있었으니 '망하면 어쩌지?'라는 생각이 그것이었다. 부모님이 오랜 시간 자영업을 하셨지만, 나는 회사 생활만 14년 했을 뿐 자영업에 대한 경험이 없었다. 꼬박꼬박 나오는 월급 대신 보장되지 않는 수입에 기대야 하는 일은 불안정해 보였다. 더군다나 서점 업에 대해서는 아는 게 전무했다. 하다못해 책을 어디서 얼마에 사와서 팔아야 하는지도 몰랐으니까. 동네 책방에 가본 적도 없고, 기사에서 본 내용이 전부인데 보아하니 동네 책방은 돈을 벌기가 어려운 듯했다. 조금씩 늘어나고는 있지만 언제나 생존을 걱정해야 하고 2년을 넘기지 못하고 폐업하기 쉬운 게 동네 책방이란다. 그러니 당연히 망설여질 수밖에 없었다.

하고는 싶지만 자신은 없었다. 그런 고민을 가족들에게 털어놓자 가장 먼저 용기를 준 건 친정 엄마였다. 엄마 말에 따르면 망해도 젊어서 망하는 게 좋단다. 하고 싶은 일이라면 실패해도 일어설 수 있을 때 해보라고 하셨다. 불행 중 다행으로 책방은 망하기는 쉽지만, 망해도 억 소리 나게 망하진 않는단다. 다른 자영업에 비해 소자본 창업에 속하는 일이기 때문에 책방이 망한다고 갑자기 길거리에 나앉을 일은 없다는 얘기다. 남편은 적극적인 지원은 없었지만 반대도 하지 않았다. 시부모님도 회사 생활보다는 책방을 하는 게 아이를 돌보는 데 도움이 될 거라 생각하셔서 찬성하셨다. 드디어 고민이 끝났다. 그래, 젊어서 망해보자. 물론 안 망하면 더 좋고.

그렇게 퇴사 의사를 밝히고 한 달 뒤에 회사를 나왔다. 곧 공석이 되는 다른 팀의 팀장 자리에 내 이름이 오르내리고 있었지만 한번 결심이 서자 마음이 흔들리지 않았다. 그리고 3개월 뒤에 나는 책방 근근넝넝의 사장이 되어 있었다.

왜 하필 그림책?

   책방을 하겠다고 마음먹었지만 사실 그 시점에 나의 독서 수준은 처참했다. 친정 엄마는 "책 좋아하더니 결국 책 파는 일을 하는구나"라고 하셨지만, 그 당시 나는 책을 좋아한다고 말하기엔 민망한 상황이었다. 그래, 난 책을 좋아했다. 맞벌이를 하시던 엄마는 직접 책 읽어주실 여유까진 없었다. 그냥 그림이나 보라고 사준 동화책 몇 권으로 나는 스스로 한글을 뗴었다. 사실 엄마에게 들은 이야기라 나도 기억은 잘 안 난다. 지금이야 학교 가기 전에 한글 떼는 아이들이 수두룩하지만 그 시절에는 6살에 동화책으로 혼자 글을 뗀 날 보고 신동이 났다며 동네에 자랑할 정도였다고 한다. 지금처럼 도서관이 많은 시절도 아니었다.

그로부터 몇 살 더 먹은 나는 학교 앞 헌책방이나 동네 책 대여점을 드나들며 책을 읽었다. 고등학교 때는 우연히 읽게 된 이영도 작가의 『드래곤 라자』를 시작으로 한동안 판타지 소설에 심취한 적도 있었다. 지금 생각하면 조금 창피하지만 판타지 소설을 쓰겠다고 노트에 한참 글을 끄적이고 친구들에게 보여주곤 했다.

도서관이 비교적 가까운 동네로 이사 가게 됐을 때는 얼마나 좋았는지 모른다. 욕심껏 잔뜩 빌린 책을 다 읽지도 못하고 반납할 때도 부지기수였지만 그래도 언제나 '내 취미는 독서'라고 당당하게 말할 수 있는 사람이었다. 책 좀 읽었다 하는 사람은 다 알 것이다. 도서관에서 나는 적막의 냄새. 그 퀴퀴한 먼지와 종이 냄새를 맡는 것만으로도 기분이 좋아졌다. 기세를 몰아 하루에 책 한 권을 뚝딱 읽어내던 시절이었다.

나이와 책의 상관관계가 어떻게 되는지는 모르겠지만, 한 살 한 살 나이를 먹을수록 독서량은 자연스럽게 줄어들었다. 핑계는 다양했지만 사실 모두 '사는 게 바빠서'라는 명료한 이유에서 시작했다. 문학을 좋아하던 난 직장 생활을 시작하며 업무와 관련된 책이나 자기계발, 실용서 같은 분야의 책들만 보게 되었고, 결혼을 하고 아이를 낳은 후에는 육아서나 몇 권 겨우 읽는 수준으로 전락했다.

이런 내가 책방을 열겠다니. 이 상태에서 갑자기 책방 사장이 된다 한들 두껍고 묵직한 책들이 쉽게 읽혀지는 것도 아니었다. 그렇다고 명색이 책방 사장인데(더군다나 대형 서점도 아닌 조그만 동네 책방인데) 내가 읽지도 않은 책들만 잔뜩 꽂아놓고 팔고 싶진 않았다. 원만한 합의점을 찾기 위해 밤낮으로 고민하다가 찾은 것은 바로 그림책이었다. 마침 아이가 그림책을 읽기 시작한 나이였다. 그림책은 글이 길지 않으니 서점에 들여놓는 책은 모두 내가 다 읽어보고 팔 수 있겠다는 생각이 들었다.

보통 그림책방을 여는 사람들이라면 애초에 그림책과 관련된 일을 오래 해왔거나 그림책의 매력에 푹 빠져 창업을 결심한 케이스가 대부분이다. 안타깝게도 나는 그런 케이스는 아니었다. 내가 그림책을 선택한 이유는 내가 할 수 있는 선에서 책임감을 가지고 선택과 집중을 보이겠다는 철저히 현실적인 이유였다. 그러니까 말하자면, 사실 나는 그림책을 잘 몰랐고, 그림책이라는 단어조차 생소했다. 내가 어릴 적에는 그림이 주가 되는 어린이용 이야기책을 대부분 동화책이라 불렀다. 수십 권짜리 세계명작이나 전래동화 말고는 그림책이라고 부를 만한 책들도 거의 없었다.

아이가 3살 때쯤이었나, 코엑스에서 하는 서울국제유아교육전에 갔다가 독서 교육을 상담해 주시는 분께 얼마나 혼이 났는지 모른다. 그 박람회에는 유아교육과 관련된 물건들을 진열해 둔 부스가 엄청나게 많았는데, 그중 내가 사고 싶었던 책은 실사가 들어간 인지책 세트였다. 인지책은 동식물이나 탈것, 도구 등 생태와 생활, 문화적인 지식과 정보를 담고 있는 일종의 백과사전 같은 책을 말하는데, 보통 그림보다는 실사로 구성된 책이 대부분이다. 상담사는 우리 집에 어떤 책들이 있는지 물었고 대답을 듣더니 답답하다는 듯 이렇게 말했다.

"어머니, 지금 이거 살 때가 아니에요. 집에 창작 그림책도 없으세요? 그러면 안 돼요. 지금은 창작 그림책을 많이 읽혀 줘야 하는 때니까 우선 창작 그림책부터 두 질 정도 들이시고, 거기에 인성이나 자연관찰 책 같은 거 추가하시면 좋아요. 아시겠어요?"

나는 그때 창작 그림책이라는 말을 처음 들어봤다. 정말 큰일이라도 난 것처럼 호들갑을 떠는 그분의 말에 마음이 급해진 나는 몇 가지 전집을 한 번에 구입했다. 내가 책 좀 안 읽는 건 무슨 큰일이겠냐만 아이의 경우는 다르니까. 하지만 일렬 횡대로 아이의 책장을 가득 채운 수십 권의 책들을 보며 흐뭇한 미소를 띠운 것도 잠시였다. 아이는 그 많은 책들 중 몇 권만을 뽑아볼 뿐 관심을 더 가지지는 않았다. 내가 그림책에 대해 조금만 더 알고 있었다면 그 박람회에서 그렇게 앞뒤 재지도 않고 카드를 긁고 오진 않았겠지만, 별수 없었다. 그날 나는 호구였고 그만큼 그림책에 대해 무지했다.

그런 내가 그림책방 사장이 되겠다고 마음을 먹었다. 결정을 내렸으니 차근차근 공부를 시작했고, 부족한 만큼 더 노력했다. 찾아보니 지역 도서관에서 하는 그림책 강좌가 꽤나 많았다. 심지어 무료였다. 회사에 다닐 때는 존재 자체도 몰랐던 세상이었다. 시작이 늦은 만큼 나는 수업도 열심히 들었고, 틈이 나는 대로 도서관에 들러 그림책과 관련 서적을 찾아 읽어 나갔다.

처음 그림책 책놀이 수업을 들으러 간 날에는 생각지도 못하게 대성통곡을 하기도 했다. 강사님이 읽어준 그림책의 한 장면이 나를 울렸다. 『엄마 마중』이라는 그림책이었는데, 유명한 책이었지만 이제 막 발을 들인 나에겐 생소했다. 그 책은 전차가 오는 정류장에 엄마를 마중 나가 한참을 기다리는 조그만 아이에 대한 이야기였다. 추운 겨울 찬바람에 빨개진 코와 아장아장 힘차게 걷는 조그만 발. 아이는 전차가 차례로 들어올 때마다 전차 차장에게 우리 엄마 안 오냐며 물었다. 나중에 그 아이가 더 이상 엄마가 언제 오는지 묻지 않고 코만 빨개져서 가만히 서 있는 모습에 눈물이 차올랐다. 회사 가지 말라고 붙잡는 아이를 뿌리치고 출근했던 날, 엄마도 찾지 않고 온종일 잘 놀았다던 그날, 돌아온 엄마에게 마구 분풀이를 하던 내 아이가 떠올랐기 때문이다.

얇은 그림책 한 권에 감정이 요동치다니……. 간신히 눈물을 참아내고 있었는데 강사님이 하필 내게 물었다. 공부 좀 해보겠다고 의욕에 넘쳐 맨 앞자리에 앉았다가 울적한 표정을 딱 걸렸다.

"이 그림책을 읽고 어떤 기분이 드셨어요?"

잘 대답해 보려 했는데 결국 입을 떼고는 몇 마디 제대로 해보지도 못하고 오열하고 말았다. 아이라인까지 멋지게 그리고 갔는데……, 마음을 진정시키고 나니 눈물 콧물 다 흘린 꼴이 창피해지기 시작했다.

'난 그저 책놀이 배우러 온 건데 왜 여기서 오열을 하고 있

지? 남들 앞에서 울고불고하는 성격도 아닌데 그림책이 뭐라고······.'

  그땐 내가 주책이라고 생각했지만 사실 이건 내가 앞으로 그림책과 떼려야 뗄 수 없는 사이가 될 거라는 시그널이었는지도 모른다. 그 이후로도 눈물 콧물 쏙 빼게 만드는 그림책을 많이 만나게 되었다. 도서관에서 읽다 뛰쳐나가서 울고, 책방에서 혼자 책 부둥켜안고 울고. 그렇다고 만날 울기만 한 건 아니다. 어떤 책은 저절로 미소가 지어졌고 또 어떤 책은 새로운 아이디어와 용기를 샘솟게 했으며, 또 어떤 책은 내가 좀 더 나은 사람이 되고 싶게 만들어줬다. 그때 비로소 알았다. 그림책은 그냥 그림이 많이 들어간 어린이용 책이 아니라, 내 마음 깊은 곳을 들여다보게 하는 신기한 책이라는 것을. 결국 나도 그림책과 사랑에 빠졌다. 현실적인 선택이라고 생각했던 것이 알고보니 운명적인 선택이었다. 나, 그림책방 하길 참 잘했다.

지금이 바로 그 타이밍

 내가 모르는 건 그림책뿐만이 아니었다. 서점업도 모르고, 자영업도 모르니 맨바닥부터 다 배워야 했다. 때마침 나의 퇴사일 즈음으로 자영업이나 서점 운영에 대해 배울 수 있는 강의가 시작된다는 소식을 들었다. 가끔 인생에는 이런 빛나는 타이밍이 찾아온다. 모든 게 나를 위해 준비해 둔 것처럼 아귀가 딱딱 맞는 최고의 타이밍이. 그럴 때면 또 이런 생각이 떠오르며 의욕까지 샘솟는다.

 '역시 이건 운명이었어! 난 책방을 해야만 하는 사람인 거야!'

 자영업 입문 스쿨에서는 창업에 대한 실질적인 정보를 많이 얻을 수 있었다. 창업에 들어가는 예산 설정이나 손익분기점 계산, 어떤 아이템으로 어느 입지에 매장을 오픈할 것인지를 고민하고, 비즈니스모델을 구체화해 그에 맞는 마케팅을 하는 방법 등을 배웠다. 짧은 시간이지만 전체적인 것들을 예습해 볼 수 있었다. 그때 배웠던 내용들은 도움이 되기도 했지만 강사님이 하는 모든 말이 다 맞는 건 아니었다. 창업 후 3년 안에 창업 비용을 회수하지 못하면 그 사업은 망한 것이라고 했었는데……. 하하, 이거 참. 망하고 안 망하고는 사장인 내가 정하는 거니까 강사님의 말은 틀렸다고 해두겠다.

강의의 핵심은 '자영업은 사람 모으는 방법을 알아야 성공한다'는 것이었다. 무턱대고 자영업을 시작하기보다는 취미 동아리이든 스터디 모임이든 사람 모으는 연습을 하면서 경험을 쌓는 것이 좋다고 했다. 그때도 이 부분에 대해서 공감했지만 지금은 더욱 공감한다. 안타깝게도 나는 그런 연습 없이 바로 창업을 해버렸는데, 아직도 사람 모으는 일로 마음고생 중이다.

서점을 운영하며 사람으로 인한 고민이 생길 때면 문득 나의 인간관계를 돌아보게 된다. 친구가 없는 건 아니지만 많다고 할 수도 없는 사람이다. 내가 먼저 다가가기보다는 누군가

다가와주길 바랐던 것 같다. (자영업을 하기에 너무나 불리한 조건이다.) 어색함을 못 견뎌서 이런저런 말을 많이 하다 보니 사교적인 사람으로 보이기도 하지만 정작 너무 가까이 다가오면 불편한 마음이 고개를 든다. 이상한 건 그러면서도 은근히 사람들을 이끌고 관리하는 역할은 꽤 잘 해낸다는 것이다.

과연 이런 나에게 사람을 끌어들이는 매력이 있을까? 사실 이 부분은 자신이 없다. 작은 동네 책방을 하다 보니 책방지기의 매력이 곧 책방의 매력이라는 걸 알게 되었다. 나에게는 과연 어떤 매력이 있을까. 책방 단골손님 중 한 분이 이런 말을 했다. 너무 친절하지도, 그렇다고 불친절하지도 않은 게 매력이란다. 그런 모습이 편안하고 여유 있어 보여서 보기 좋다는 것이다. 이런 평범한 것도 매력이 될 수 있을까. 어찌 보면 평범함이야말로 나의 지향점이다. 가끔 우리 책방이 너무 특색이 없는 게 아닐까 고민할 때도 있지만, 난 그냥 평범한 책방을 하고 싶다. 평범한 일상 같은 그런 책방 말이다. 그렇게 생각하면 나의 평범한 매력도 나쁘지 않은 것 같다.

이렇게 자영업 입문 스쿨을 통해 창업에 대해 전반적인 지식이 생겼지만 그중에서도 서점 운영은 또 다른 얘기였다. 그래서 선택한 다음 강의는 서점 예비 창업자를 위한 경기서점

학교였다. 이 강의는 내게 꼭 필요한 거였는데, 안 들었으면 정말 나는 책방 못할 뻔했다. 서점 창업에 대해 A부터 Z까지 세세하게 알려준 건 아니었지만, 꼭 알아야 할 것들은 다 알게 해준 시간이었다.

그전에는 '작가가 글을 쓰면 출판사가 책으로 만들고 서점에서 판다' 정도로 단순하게 생각하고 있었는데 그 책이란 게 어떻게 유통되고 있는지는 전혀 몰랐다. 책을 공급받을 수 있는 도매처가 따로 있다는 것이나 책의 정가 대비 몇 퍼센트의 비율로 공급을 받는지 등 서점 운영을 위해 필수적으로 알아야 할 정보들을 배웠고, 이미 서점을 운영 중인 책방지기 선배들의 경험담도 들을 수 있어 많은 도움이 되었다.

서점학교에는 나처럼 이미 책방 창업을 결심하고 수업을 듣는 분들이 대부분일 줄 알았는데, 미래에 언젠가 해보고 싶은 일이라서 그냥 미리 들어보고자 오신 분들도 꽤 많았다. 당장에 창업을 시작하든, 나중을 기약하든, 어찌됐건 책방 사장을 꿈꾸는 사람들이 이토록 많다는 것이 뭔가 마음이 놓였다. 인공지능이 판치는 4차 산업혁명 시대에서도 책방은 어떻게든 계속 살아남겠다는 안도감이었다. 물론 강의를 들을수록 '책 팔아서 돈 벌기란 참 어려운 거구나' 깨닫기도 했다. 함께 강의를 들은 어떤 분은 마지막에 수료 소감을 이렇게 전했다.

"이 강의 듣길 정말 잘했다는 생각이 듭니다. 안 들었으면 서점 창업할 뻔했다니까요."

그 얘기에 모두들 웃었지만(속으로는 울었는지도 모른다), 서점 업계의 현실이 그만큼 어렵다는 얘기였으리라. 나는 어땠냐고? 무슨 자신감인지 난 강의를 들을수록 책방이 더 하고 싶어졌다. 이미 망할 결심까지 했는데 두려울 게 무엇이랴. 오히려 내가 만들고자 하는 책방의 방향성이 조금 더 뚜렷해졌다. 아이들에게는 즐거운 책 놀이터가 되고, 엄마들에게는 마음의 쉼터가 될 수 있는 곳을 만들고 싶었다. 결혼 전에는 아이를 데리고 백화점 문화센터에 갔다가 커피를 마시고 있는 엄마들을 보면 팔자가 좋다고 생각했었는데, 이제는 안다. 그녀들이 그곳에 모여 있는 것은 숨 쉴 곳이 필요해서였다는걸. 어디든 나가고 싶지만 아이를 데리고 갈 수 있는 곳이 생각보다 많지 않았다는걸. 그런 엄마들에게 눈치 보지 않고 편하게 들를 수 있는 책방이 있다면 고된 일상 속 작은 위로가 되지 않을까 싶었다. 지금의 나라면 할 수 있을 것 같았다. 나는 엄마니까. 엄마 인생 4년 차, 책방하기 딱 좋은 타이밍이다.

내 책방 찾아 삼만 리

처음부터 서점은 내가 살고 있는 동네에 차려야겠다고 생각했다. 아이 때문이기도 했지만 이왕이면 가까운 동네 이웃들이 책방 있는 동네에 사는 자그마한 즐거움을 함께 누렸으면 해서였다. 서울에서 신혼생활을 하던 나는 남편이 이직하게 되며 이사를 할 수밖에 없었는데, 그렇게 도착해 자리 잡은 곳이 바로 경기도 광주시다. 원래는 부모님이 계시는 성남으로 이사를 가려다가 아파트보다 정원이 있는 집에 살고 싶다는 남편의 의견으로 그 옆 동네 광주로 오게 됐다.

집이 마음에 들어 그거 하나 보고 연고도 없는 이곳에 정착했다. 그런데 살면 살수록 이 동네는 참 특이하다. 바로 옆인

분당이랑은 분위기가 완전히 다르다. 문화생활은커녕 편의 시설도 부족하고, 난개발로 빌라와 주택이 빼곡하게 지어지다 보니 정작 인도가 없어서 걸어다니기도 힘들었다. 타 지역보다 집값이 비교적 저렴해 신혼부부들이 많이 살았는데, 차가 없는 뚜벅이 엄마들은 아이를 데리고 외출 한번 하기도 쉽지 않았다.

인도가 없으니 유모차를 끄는 것도 당연히 어려웠고, 놀이터를 찾아보기도 힘들었다. 문화센터라도 갈라치면 다른 지역까지 가야만 했다. 이렇다 보니 아이를 키우기에 좋다고 말하긴 좀 어려운 동네였다. 동네에는 지역 토박이보다 나처럼 연고도 없이 결혼 이후 정착한 사람들이 많아서 지역 맘카페에서는 동네 친구를 사귀고 싶어 하는 사람들의 글도 종종 볼 수 있었다. 나도 동네에 아는 사람이라고는 아이 어린이집 같은 반 엄마들이 전부였다. 그래도 완전히 도시라고는 할 수 없지만, 딱히 시골이라고도 할 수도 없는 이 동네가 나는 좋았다. 부족한 것투성이인 이 동네에 하필 책방이 꼭 필요하겠냐마는, 그렇기에 그 어느 곳보다 책방이 필요한 곳이 아닐까 싶었다.

원래는 좀 더 시간을 가지고 여유 있게 책방 문을 열고 싶었다. 아직 모르는 게 많으니까 공부도 더 많이 하고, 다른 책방들도 여기저기 다니면서 벤치마킹도 하려고 마음먹었는데…… 하필이면 자꾸만 빈 상가들이 눈에 들어왔다. 이왕이면 좋은 입지와 조건의 상가에 자리 잡는 게 좋으니 그동안은 그냥 지나쳤던 동네 공실 상가들을 쉽게 지나칠 수가 없었다. 부동산에도 가보고, 포털사이트에서 상가 검색도 해보고, 혹시 좋은 자리가 나왔는데 모르고 있다가 누가 채가기라도 할까 봐 마음이 조급해졌다.

그런데 상가를 알아볼수록 좌절했다. 임대료가 이렇게나 비싸다니! 지금은 '동'으로 승격했지만, 그 당시는 농어촌지역으로 분류되는 '리'였기 때문에 집값이 저렴한 것처럼 당연히 임대료도 저렴할 거라고 믿었던 나의 생각은 큰 오산이었다. 오히려 상업시설이 부족한 동네라 상가 임대료가 비싼 편이라고 했다. 내가 세상 물정을 이렇게도 몰랐던가. 오래도록 공실로 있었던 상가는 좀 저렴하게 임대해 주면 안 되나? 막 억지라도 부리고 싶었다. 위치가 마음에 들면 평수가 너무 작았고, 평수가 마음에 들면 임대료가 너무 비쌌다. 이 동네에 책방을 차리는 걸 포기해야 하는 걸까? 아니면 아예 입지 좋고 비싼 곳으로 도전해 볼까? 마침 새로 생긴 큰 마트 옆에 좋은 자리가 하나 있었다. 그렇지만 그곳에 책방을 하겠다고 문을 두드리니 이번엔 임대인이 거절을 했다. 책 팔아서는 임대료를 감당하지 못할 거라며, 본인은 유명한 프랜차이즈 업종이 들어오길 바란단다. 조금은 씁쓸했다. 도대체 책방이 자리할 수 있는 곳은 어디란 말인가.

그렇게 매일매일 상가 검색을 하다 보니 이 동네 공실 가격은 전부 다 알 정도가 되었다. 그러던 중 한 곳을 발견하게 되었다. 집에서 도보로 5분 정도 거리에 위치한 카페였다. 우리 집은 동네에서도 끝자락 쪽에 위치해 있었기 때문에 유동인구도 적고 조용했다. 당연스레 후보지 중에서는 후순위로 두었는데 돌고 돌아 결국 집 근처인 그곳이 눈에 띈 것이다. 몇 번 가본 적 있어서 내부 인테리어는 어느 정도 알고 있었지만, 내 책방을 할 곳이라고 생각하고 둘러보니 좀 다르게 느껴졌다. 20평 정도라서 책방을 하기엔 충분히 넉넉했다. 내부에 화장실이 있어 편리해 보였고, 널찍한 크기의 창고도 있어서 재고용 책을 보관하기에도 좋아 보였다. 무엇보다 인테리어가 워낙 깔끔하고 심플해서 마음에 들었다. 아무것도 없는 휑한 벽이 오히려 책장을 놓기에 안성맞춤이었다.

임대료가 싸다고 할 수는 없었지만, 이런저런 것을 따져봤을 때 주변 시세보다는 괜찮은 편이었다. 마음에 들었다. 난 왜 여태껏 여기를 몰라봤을까? 사실 이곳은 이 동네에 처음 이사 왔을 때 가족들과 함께 차를 마시러 갔던 곳이다. 말하자면 이 동네에 와서 집을 제외하고는 처음으로 들른 장소라는 거다. 가끔 아이와 단둘이 카페 데이트를 즐기기도 했던 곳이고 말이다. 그런 인연이 있던 곳이다 보니 또다시 운명처럼 느껴졌다. 나란 사람, 참 쉽게도 운명을 들이댄다. 운명적인 곳을 발견했으니 어쩌나, 금세 계약서를 써버리고 말았다. 그 이후로는 '천천히 여유 있게'라는 말은 적용할 수가 없었다. 이제 발등에 불이 떨어진 거다.

욕심은 예산 초과를 부르고

 첫 시작은 욕심내지 말고 소박하지만 온전하게, 분명 결심은 그러했다. 최대한 절약하고 무리하지 않는 선에서 시작해 보려고 했다. 그러나 사람 일이라는 게 어찌 생각대로만 흘러가겠는가. 견물생심이라고, 막상 내 공간이 생기고 나니 조금만 더 조금만 더 하며 자꾸 욕심이 생겼다. 한정된 예산을 지키며 창업을 준비하는 게 쉽지 않았다. 인테리어는 깔끔하게, 가구는 모두 기성품으로 하고 책은 천천히 조금씩 들이는 걸로 마음먹었지만 결심은 오래가지 못했다.

 보통 그 즈음 동네 책방을 창업하는 사람들은 대부분 돈을 아끼기 위해 셀프 인테리어를 하는 경우가 많았다. 미적 감각도 손재주도 없는 나는 일찌감치 셀프 인테리어는 '내가 할 수 없는 일'로 단정 짓고 포기했다. 다행히 이미 인테리어가 완벽하게 되어 있는 곳을 인수했기 때문에 내가 따로 더 손을 댈 필요는 없었다. 그 대신 인테리어와 커피머신 등 카페 집기에 대한 시설비를 권리금으로 지출했다. 권리금은 생각도 안 하고 있었는데, 갑자기 1,400만 원이나 되는 돈을 지출하게 되어 난감했지만 따져보면 내가 처음부터 다 꾸미고 집기를 사는 것보다는 훨씬 저렴한 금액이었다.

문제는 간판이었다. 간판이 이렇게 비쌀 줄이야……. 난 역시 세상 물정을 잘 모르는 게 확실하다. 서점이 자리한 곳은 상가 도로변 1층이긴 했지만, 관심 없는 사람은 그냥 모르고 지나치기 좋은 위치라 간판을 작게 할 수 없었다. 간판 디자인에 따라서 매장에 대한 관심도와 호감도가 달라질 수도 있는 법이니 이왕이면 눈에 띄고 예쁘게 제작해 보기로 했다. '그래 봤자 간판인데 비싸 봐야 100만 원이면 되겠지'라고 쉽게 생각했던 나를 비웃듯 간판 비용은 결국 그 두 배 이상이 들었다.

가구는 저렴하면서도 예쁜 디자인으로 열심히 인터넷 검색해가며 다 찾아놨건만 왠지 지금 계약한 상가 인테리어와는 어울리지 않는다는 생각이 들었다. 태어나 처음 생긴 나만의 공간, 자꾸만 욕심이 스멀스멀 올라왔다. '인테리어가 심플하니까 가구로 포인트를 주면 어떨까?', '기왕 쓰는 거 기성품보다는 맞춤이 더 튼튼하고 좋지 않을까?' 하는 자기합리화 과정을 거쳐 메인 책장은 맞춤으로, 작은 책장과 테이블, 의자는 기성품으로 구입하는 걸로 결정했다. 맞춤 책장 견적을 받아보고 또 한 번 뒷목을 잡게 되었지만, 이대로 물러날 수는 없었다. 여기저기 발품을 팔아 가구 공장을 함께 운영하는 가구점에서 나름 합리적인 가격에 책장을 맞췄다. 이 부분에 대해서는 후회가 없다.

책방의 중심이 되는 메인 책장은 예상대로 우리 책방의 분위기를 잡아주는 역할을 했고, 책방을 방문해 주신 손님들에게 책장 예쁘다는 소리도 많이 들었다. 그리고 확실히 기성품보다 튼튼했다. 보통 작은 동네 책방은 매장에 들여놓는 책이 많지 않지만 우리 책방은 개중 책이 많은 편이라 사정에 딱 맞는 좋은 결정이었다. 이 책장들은 몇 차례의 책방 이사에도 여전히 우리 책방의 책들을 든든히 지켜주는 역할을 잘 수행하고 있다. 비록 간판처럼 원래 예산의 두 배가 지출되었지만 말이다.

인테리어를 준비할 때 가장 많이 고려한 부분은 역시 손님이었다. 그림책방이라 대부분의 손님은 어린아이를 둔 엄마들이니, 엄마들이 아주 어린 아기와 함께 와도 불편함이 없도록 하고 싶었다. 어린이 친화적인 책방을 꿈꾼 것이다. 그래서 다른 책방이었다면 크게 고려하지 않았을 만한 물품들도 구매하게 되었다. 아이들이 활동하기 좋은 좌식 공간을 마련하기 위해 두꺼운 매트와 좌식 소파, 아기 의자와 바운서에 기저귀 교환대까지 준비했다. 다행히 손님들은 이 좌식 공간을 좋아해 주셨다. 아이들은 책방에 오면 자동으로 신발을 벗고 좌식 공간에 올라갔다. 역시 투자하길 잘했다는 생각이 들었다.

인테리어 준비를 어느 정도 마치고 나니 문득 개업식 날 어떤 이벤트라도 해야 하지 않나 하는 생각이 머릿속에 스쳤다. 연말에 오픈하니 달력을 선물로 나눠주면 딱 좋을 것 같았다. 달력은 일 년 내내 보는 거니까 달력을 볼 때마다 우리 책방을 떠올리지 않을까 하는 마음이었다. 너무 좋은 아이디어라고 자화자찬하며 책방 이름이 박힌 탁상 달력을 잔뜩 주문했다. 달력 말고도 한 가지 더 준비한 게 있었는데 바로 개업 떡이었다. 아무리 시대가 변해도 우리나라 사람은 다 정으로 이어지는 게 아닌가. 동네 떡집에서 넉넉하게 떡을 맞췄다.

여기서 내가 간과한 것이 있다. 디지털 시대에 종이 달력은 효용성이 떨어지는 물건이라는 거였다. 게다가 2~3월만 되어도 새 달력을 갖고 싶어 하는 사람이 확 줄어든다는 것도 나중에야 깨닫게 되었다. 그 결과 달력은 일 년 내내 나눠주다가 해가 지나서까지도 남아 있어서 결국 분리수거함에 들어가게 되었고, 개업 떡도 수두룩하게 남아서 우리 집 냉동실에 들어갔다가 돌떡이 되어 음식물 쓰레기로 버려졌다. 그때의 교훈으로 이후 매장을 옮겼을 때는 개업 떡도, 개업 선물도 하지 않았다. 역시 그게 현명한 선택이었다.

인테리어도 개업 선물도 모두 초심자의 욕심투성이었지만, 사실 무엇보다 내가 가장 큰 욕심을 낸 건 바로 책이었다. 처음 시작할 때는 그림책을 잘 몰랐기 때문에 책방에 어떤 책을 들여야 할지 조사를 했다. 우선 아동문학상 수상작들을 리스트에 넣었다. 괜히 상을 받았을 리는 없으니 분명 좋은 책들이리라. 베스트셀러와 스테디셀러 그림책, 유명 작가의 그림책도 목록에 넣었다. 그다음엔 공신력 있는 기관에서 매년 추천하는 그림책 목록도 포함시켰다. 또 그림책을 소개해 주는 책에 언급된 것들도 다 좋아 보여 그것도 추가했다. 거기에 내가 읽었던 책 중 좋았던 것들을 마지막으로 넣었다.

그렇게 계속 리스트를 추가하기만 하니 책이 너무 많았다. 이젠 빼는 작업도 필요했다. 그때 내가 기준 삼았던 건 책의 가격이었다. 아무래도 사람들은 비싼 책은 잘 안 살 것 같다는 아주 단순한 생각으로 일정 가격 이상의 책은 목록에서 뺐다. 지금 돌이켜보면 정말 한심한 생각이다. 정말 너무 비싼 책이라면 망설이긴 하겠지만, 사람들은 가격과 상관없이 책이 마음에 들면 구입한다. 아니, 어쩌면 비싼 책이 더욱 소장 욕구를 불러일으키기도 하는 것 같다. 그렇게 뺀다고 뺐는데도 초도 물량은 900권이 넘었다.

그림책을 잘 몰랐으니 좀 천천히 알아가며 책을 입고했어도 괜찮았는데 왜 그랬을까? 어린 시절 앞집 친구네에는 비싼 전집이 가득 꽂혀 있는데, 우리 집엔 별로 없었던 한을 풀고 싶었던 것일까? 그 와중에 영어도 못하면서 원서 그림책도 탐이 났다. 요즘 엄마들은 영어 교육에 관심이 많으니 잘 팔리지 않을까 싶었다. 그렇게 원서 그림책도 100여 권 정도 들였다. 욕심쟁이가 따로 없었다. 그렇게 소자본 창업이라는 말에서 점점 멀어지고 있었다.

휑했던 공간이 내가 사들인 책과 물건들로 가득 찼다. 그렇게 책방을 오픈한 이후로도 난 계속 뭔가를 채우는 데 급급했던 것 같다. 마치 그림책 『곰과 수레』 속 곰처럼 말이다. 매일 아침 두 팔을 벌려 하늘을 바라보는 것만으로도 행복했던 곰은 우연히 빈 수레 하나를 주운 뒤로 달라지기 시작했다. 그 수레를 끌고 다니며 계속 무언가를 채우고 다닌 것이다. 이미 작은 수레가 가득 찼는데도 만족할 줄 몰랐다. 계속 물건을 주워 담느라고 하늘을 볼 시간조차 없었고, 결국 무게를 견디지 못한 수레가 부서지는 것도 알아채지 못했다. 욕심이 자신을 망치고 있다는 것을 몰랐던 것이다.

나 역시 그 곰처럼 욕심으로 정작 중요한 것을 놓치고 있었다는 걸 뒤늦게야 깨달았다. 책방에 채워 넣어야 하는 건 그런 물건들보다 나의 진심과 정성, 그리고 따뜻한 온기였다는 것을. 창업 초기에 욕심을 비워내지 못했던 것이 지금도 후회로 남아있다. '망하면 어쩌지'라고 고민했던 시간이 무색하게도 나는 초기 투자라는 명목으로 물색없이 돈을 써댔다. 그때 부린 욕심으로 내 삶에 처음 들어오게 된 마이너스 통장은 지금도 여전히 나와 함께 살아가고 있다.

월세 시계는 빠르게 흘러간다

직장에 다니면 한 달에 한 번 월급이라는 보상이 돌아온다. 하지만 자영업을 하면 한 달에 한 번, 보상 대신 반갑지 않은 손님이 찾아온다. 바로 월세다. 상가 계약을 마치고 아직 책방은 오픈도 못 했는데 벌써 첫 번째 월세를 내야 하는 날이 다가왔다. 수입은 전혀 없고 인테리어와 책을 준비하느라 초기 예산을 아득히 넘겼는데 벌써부터 추가 지출이 먼저 발생하다니……. 변명을 해보자면, 이런저런 불가피한 이유가 있었다. 책장을 제작하는 시간이 필요했고, 약 1,000권의 책을 정리하는 시간도 필요했으며, 그 틈틈이 그림책 공부를 위한 강의를 들으러 갔고, 게다가 음료를 함께 파는 서점 겸 북카페로 운영할 예정이었으니 커피나 음료를 만드는 연습도 해야 했다. 마음 같아서는 평일 주말 할 것 없이 밤낮으로 책방 오픈에만 매달리고 싶었지만 나는 책방 사장이자 4살 아이를 키우고 있는 엄마이며, 주부였다. 아이가 어린이집에 가는 평일 오전 열 시부터 오후 다섯 시까지, 그렇게 하루 일곱 시간이 내가 오픈 준비에 집중할 수 있는 시간이었다.

이제 막 사업자등록증을 발급 받은 초보 사장은 어느 것 하나 서툴지 않은 게 없었다. 책을 공급받을 도서총판 업체와의 계약을 마치고, 초도 주문까지는 잘했다. 그런데 한꺼번에 많은 책들이 책방으로 배송되어 오는 순간 이걸 어떻게 해야 하나 막막해졌다. 어디서부터 어떻게 정리를 해서 책을 배치해야 할지 감이 오질 않았다. 우선 내가 주문한 책들이 다 제대로 왔는지 확인부터 하기로 했다. 꾸러미로 온 책들을 꺼내 무작위로 책장에 꽂았다. 그러고는 그 책들을 가나다 순서대로 정리했고, 주문서에 적혀있는 책 제목과 권수를 하나하나 확인했다.

이렇게 말하면 쉬워 보이지만 책이 무려 1,000권에 가까웠기 때문에 나는 오랜만에 아주 극심한 육체노동을 맛볼 수 있었다. 무거운 책을 들었다 놨다, 책장 칸 높이에 따라 앉았다

일어섰다를 반복하니 허리가 끊어질 듯 아프고 온몸에 근육통이 따라왔다. 누가 책방 일을 우아하다고 했나. 그렇게 첫 입고 책의 주문을 확인하는 데만 수일이 걸렸다. 게다가 첫 주문량이 많아서였는지 주문에 착오가 있었다는 걸 알게 되었다. 주문하지 않은 책이 더 오고, 거래 금액도 맞지가 않았다. 이 부분까지 담당자를 통해 바로잡고 나서야 한시름 돌리게 되었다.

그렇다고 정리가 끝난 건 아니었다. 이제는 서가별 위치에 맞게 책을 분류하고 다시 배치해야 할 시간이다. 또다시 육체노동이 시작되었다. 여기서 끝이냐고? 이번엔 정리한 책들을 다시 차례차례 꺼내서 포스기에 바코드 등록하는 일을 해야 했다. 바보같이 난 이런 모든 일들을 그냥 맨몸으로 했다. 바코드 등록을 반 정도 끝냈을 무렵에서야 북카트로 쓸 만한 트롤리를 사야겠다는 생각이 떠올랐다. 그제야 말이다. 인간과 동물의 가장 큰 차이 중 하나는 도구를 사용할 줄 아는 것이라 했거늘……. 무식하면 몸이 고생한다는 말이 이거구나 싶었다. 많이 늦었지만 북카트가 생기고 나서는 책을 옮기는 일이 한결 수월해졌다.

책방 오픈 준비를 하면서 가장 자신 없었던 부분은 커피를 만드는 일이었다. 커피를 마시면 가슴이 두근거리고 배가 아파서 잘 마시지 않던 나였다. 어쩌다 가끔 커피를 마실 때도 라떼에 시럽을 잔뜩 넣어 아주 달달하게 마셨다. 그러니 커피에 관심도 없었고 커피 맛도 몰랐다. 책방과 카페를 같이 운영해야겠다고 생각은 했지만, 내가 직접 커피를 내려 만드는 건 고려하지 않았다. 그냥 자동 커피머신을 두고 판매해야겠다고 계획하고 있었는데, 기존에 카페였던 곳을 인수하게 되면서 의도치 않게 커피를 직접 만들게 되어버렸다.

나에게 공간을 넘겨주게 된 카페 사장님이 커피는 직접 내려야 맛이 있다며, 어렵지 않으니 직접 가르쳐주시겠다고 나선 것이다. 그래서 사장님이 아직 카페를 운영 중일 때 틈틈이 찾아가 카페 메뉴 만드는 방법을 배웠다. 원두를 그라인더로 갈고, 커피 가루를 템퍼로 눌러 평평하게 만든 다음, 커피머신을 이용해 추출하면 끝이었다. 아메리카노는 생각보다 간단했지만, 스팀을 내야 하는 라떼는 쉽지가 않았다. 라떼 아트는 진작에 포기했고, 우유 거품이라도 예쁘게 올리고 싶었지만 워낙 손으로 하는 일에 재주가 없는 나에겐 그 마저도 너무 어려운 일이었다. 사장님이 옆에 계실 때는 그래도 꽤 할만 했었는데, 공간을 넘겨받고 나서 혼자 하려니 평소 하던 것도 잘

되지 않았다. 믹스커피 물 조절도 잘 못하던 나였으니 오죽했으랴. 원두 납품처의 바리스타, 카페 아르바이트 만렙인 친구, 레스토랑 경력자인 친오빠에게 SOS를 보내 겨우겨우 커피 만드는 법을 익혀나갔다. 카페 메뉴는 내가 감당할 수 있는 선에서 커피 종류는 최소한으로 줄이고, 그 외에는 차와 음료로 채웠다. 어쩌면 커피만 아니었어도 책방 오픈이 좀 더 빨라졌을지 모른다.

여담이지만 지금 나는 커피를 잘 마신다. 심지어 라떼가 아닌 아메리카노를 마시고 시럽도 넣지 않는다. 카페를 운영하면서 아침마다 오늘의 커피 맛을 테스트하는 걸로 하루를 시작하다 보니 어쩔 수 없이 매일 커피를 마시게 되었다. 처음엔 라떼를 만들어 마셨는데, 손이 많이 가는 라떼는 점점 귀찮아졌다. 이제 와서 하는 얘기지만, 처음 카페를 운영할 때 따뜻한 라떼 주문이 들어오면 이런 마음이 들기도 했다.

'그냥 아메리카노 마시면 안 되나?'

사 먹을 때 마음이랑 내가 직접 만들어야 할 때의 마음이 이렇게 달라진다. 아무튼 그런 귀찮음으로 인해 조금씩 마시게 된 아메리카노가 지금은 적응이 되어 가슴 두근거림 같은 부작용도 사라졌다. 오히려 라떼를 마시면 입이 텁텁한 기분이랄까. 이젠 습관처럼 책방 문을 열면 가장 먼저 아메리카노를 마시며 메일을 확인하는 게 하루의 루틴이 되었다.

그렇게 모자란 시간에 초보 사장 티 내는 느린 진행 속도로 첫 월세를 내고, 그로부터 일주일이 지난 뒤에야 개업식을 할 수 있었다. 첫 월세는 아까웠지만 실전으로 부딪힌 첫 창업의 수업료라고 생각하기로 했다. 그리고 몇 년이 지난 지금도 여전히 월세 내는 날은 참 빨리도 돌아온다.

오늘부터 1일, 책방 문 열었습니다

드디어 책방 오픈의 날이 다가왔다. 물론 모든 게 완벽하게 준비됐다고 자신 있게 말할 수는 없었지만 그래도 손님을 맞이할 수 있을 정도의 준비는 끝났다. 오픈을 앞두고 찾아갔던 다른 책방의 사장님께서 축하와 함께 이런 격려의 말을 전해 주셨다.

"3개월을 준비하든 3년을 준비하든 오픈하고 헤매는 건 똑같아요. 그러니까 너무 걱정하지 마세요."

그분은 9년 차 베테랑 책방지기였는데, 아직도 모르는 게 많아 헤매고 있다고 하셨다. 그 말에 왠지 모를 위로와 안도감이 찾아왔다. 아무리 오래 연애하고 결혼했어도 막상 결혼한 이후의 현실이 연애와 다르듯이 창업 준비도 마찬가지인 것 같다. 준비 기간이 아무리 길어도 실제로 오픈 이후 겪을 일들을 모두 대비할 수는 없는 것이다. 가끔 인생은 이렇게 준비 없이 무턱대고 도전하는 정신도 필요하다. 실패하면 어떡하나 싶어 모든 위험 요소를 제거하려고 만반의 준비를 끝내려다 보면 이미 기회는 멀리 날아가 버리기도 하니까. 그래서 그냥 부딪혀 보기로 했다.

개업식이라고 시댁과 친정 가족들도 총출동하고, 남편과 아들도 모두 회사와 어린이집을 쉬고 곁에 있어 주었다. 덕분에 덜 긴장되었던 것 같다. 우선 오픈 시간 전에 개업 떡부터 돌렸다. 평일이라 집을 비운 사람들이 많아서 떡 돌리기가 쉽지 않았다. 반갑게 "대박 나세요"라는 인사를 건네주는 이웃도 있었지만, 잡상인 취급하며 그런 거 필요 없다고 문조차 열어주지 않는 이웃도 있었다. 이건 마치 친하지 않은 사람에게 결혼식 청첩장을 돌리는 기분과 비슷하달까? 어색하고, 민망하고, 괜히 미안하고······. 앞으로 수많은 사람들을 대면하며 책을 팔아야 하는데, 개업 떡 돌리는 것부터 이렇게 진땀이 나다니 정말 큰일이었다.

그렇게 정신없이 떡을 돌리고 다니다 보니 정식 오픈 시간인 오전 열한 시가 되었다. 물론 열한 시 땡 치자마자 손님이 올 거라고 생각하지는 않았지만 마음속에 어느 정도 기대감은 있었던 것 같다. 잠시 후 반가운 지인의 첫 방문을 시작으로 드디어 우리 책방에 첫 손님들이 오기 시작했다. 그러나 좋게 말하면 여유롭고, 나쁘게 말하면 좀 한산했다. '첫날이라 그렇지 뭐'라고 생각하면서도 홍보를 제대로 못했나 싶어 불안한 마음이 들기도 했다.

그래도 마수걸이는 성공적이었다. 우리 책방에서 첫 책을 사 간 사람은 엄마 손을 잡고 온 꼬마 손님이었다. 책을 무려 4권이나 골라 왔다. 아이는 여기 재미있는 책이 많다며 더 사고 싶다고 엄마를 졸라댔다. 어떤 손님은 우리 동네에 이런 예쁜 책방이 생긴다는 것이 너무 반가웠다며 오히려 손수 만든 선물을 건네주고 가기도 했다. 어린아이를 데리고 온 손님은 책 추천을 부탁하며 자연스럽게 자신의 육아 고민까지 털어놓았다.

책방지기로서 마주하는 모든 사람들이 내가 그동안 한 번도 느껴보지 못했던 감정들을 선사했다. 우리 서점을 찾은 손님들을 보며 고마움과 흐뭇함, 정겨운 마음까지 들어 가슴이 벅차올랐다.

'아, 책방 주인이 된다는 건 이런 기분이구나.'

그렇게 기분 좋은 감정에 취해 있었는데 어린이집 하원 시간인 오후 세 시 반이 되자 갑자기 손님들이 몰려들었다. 순식간에 책방 안의 테이블이 꽉 차고, 밀려들어 오는 음료 주문에 순간 당황스러울 정도였다. 카페 일을 할 줄 아는 친오빠의 도움이 없었다면 첫날부터 아주 엉망인 모습을 보일 뻔했다. 설렘과 떨림, 고마움과 당황스러움의 감정들이 교차했던 책방 오픈 첫날은 그렇게 지나갔다. 그사이 아들은 엄마를 기다리다 책방 한켠에서 잠이 들어 있었고, 그제서야 오늘 아이에게는 전혀 신경을 쓰지 못했다는 사실을 깨닫게 되었다. 미안한 마음으로 잠든 아이의 얼굴을 쓰다듬으며 마음속으로 말했다.

'조금만 기다려줘. 엄마가 아직 처음이라 그래.'

고대하던 개업 첫날의 매출은 23만 원 정도였다. 가족과 지인들이 구입한 책을 제외하면 15만 원 정도의 매출이 나왔다. 매일 이렇게만 팔면 그냥저냥 괜찮을 것 같았다. 아니, 좀 더 솔직히 말하면 '오늘은 첫날이니까 앞으로 입소문 나면 더 많이 벌 수 있지 않을까'란 기대감도 있었다. 들뜬 마음에 '이렇게 매일 아이들 하원 시간마다 손님이 몰리면 너무 힘들지 않을까'란 선부른 고민도 했다. 그런 생각들이 부질없었다는 걸 다음 날 바로 깨닫게 되었지만 말이다. 이 정도로 책을 파는 날은 1년 중 며칠 안 되는, 그야말로 '운수 좋은 날'이라는 걸 그땐 몰랐다.

크리스마스에 책을 살까요?

책방 오픈 일을 12월 19일로 정한 건 나름의 전략적 계산에 의한 것이었다. 창업 준비 중에 『어느 날 서점 주인이 되었습니다』라는 책을 읽었다. 오스트리아 빈에 있는 막 폐업한 유서 깊은 서점을 인수하면서 새로운 삶을 시작한 어느 책방지기의 에세이였다. 그 책에 그렇게 쓰여 있었다. 크리스마스는 1년 중 가장 책이 많이 팔리는 때라고 말이다. 오, 그렇구나! 그래서 아무리 늦어도 크리스마스 일주일 전에는 꼭 책방을 오픈해야겠다고 생각했다. 또 그 시기는 곧 어린이집과 유치원, 초등학교 겨울방학이 시작되는 때였다. 짧게는 일주일에서 길면 두 달 정도가 되는 방학 기간 동안 집에만 있기란 아이에게도 엄마에게도 쉬운 일이 아니다. '오늘은 또 아이와 뭘 하지?'라는 고민에 빠질 엄마들이 아이와 함께 그림책을 보러 오지 않을까 기대됐다. 크리스마스에, 심지어 겨울방학이라는 완벽한 조건을 앞두고 책방을 오픈했으니 손님이 많이 올 거라고 생각했던 것은 나의 순진한 착각이었다. 오픈한 바로 다음 날부터 책방은 아주, 매우, 지극히 한산해졌다.

서점에는 내가 야심차게 준비한 코너가 있었는데, 바로 큐레이션 서가였다. 주제에 맞춰 책을 추천해 두는 매대인데, 크리스마스를 맞아 성탄절과 관련된 그림책을 가득 진열해 두었다. 크리스마스와 겨울방학의 시너지로 손님이 몰릴 것을 고려해 큐레이션 서가의 책들은 각각 5권씩 재고도 넉넉하게 준비해 두었다.

결론부터 말하자면, 크리스마스와 관련된 책은 단 한 권도 팔리지 않았다. 우리나라 사람들은 크리스마스에 책을 사지 않는다. 1년 중 가장 책이 많이 팔리는 때가 크리스마스라고 말한 그 서점지기의 에세이는 유럽에서 쓰였다는 사실을 간과한 것이다. 유럽과 우리나라의 감성이 다르다는 걸 잊고 있었다.

하다못해 책방 주인이 되기 전의 나만 하더라도 크리스마스라고 아이에게 성탄절 관련 책을 사준 적도 없거니와, 크리스마스 선물은 당연히 책이 아닌 장난감이었다. 동네의 대형 장난감 가게가 주차가 힘들 정도로 북적인다는 소식을 맘카페에서 보며 나는 조용한 서점을 지키고 있을 뿐이었다. 심지어 우리나라 초등학생들을 대상으로 한 설문조사에서 '크리스마스에 가장 받기 싫은 선물' 1위가 책이라는 결과까지 나왔으니, 어쩌면 이 또한 당연한 결과였으리라.

'크리스마스는 망했지만 나에게는 겨울방학이라는 기회가 남았잖아?'

이렇게 생각하며 다시 한번 기운을 내보았다. 하지만 안타깝게도 그 시기에 몰아닥친 한파는 나의 기대감도 꽁꽁 얼어붙게 했다. 자영업이 날씨의 영향을 이토록 받는다는 걸 오픈 이후에서야 알게 된 것이다. 동네에 이런 그림책방이 생기면 너도나도 와서 좋아하며 볼 줄 알았던 나의 티 없이 맑고 순수한 생각이여……. 나의 새로운 시작을 축하해 주는 지인들의 방문만 잦았을 뿐, 동네 주민들의 반응은 한겨울 날씨처럼 차가웠다.

하지만 작은 실패에 울적해하며 좌절하고 있을 수만은 없었다. 긍정적으로 생각하기로 했다. 따지고 보면 지금 당장 손님이 없는 게 마냥 나쁜 일만은 아니었다. 첫날처럼 사람들이 한꺼번에 몰려오지 않으니 카페 업무에 천천히 적응할 시간을 번 셈이다. 커피를 내리는 일이 점점 익숙해졌고, 더 이상 음료 주문받는 일이 크게 두렵지 않았다. 감사하게도 커피 맛이 좋다는 얘기도 제법 듣게 되었다. 또 책방에 가득 들어찬 그림책들을 하나하나 찬찬히 읽어볼 수 있는 여유가 생겼다. 앞서 얘기한 대로 그림책이 좋아서 그림책방을 시작한 게 아니라, 현실적인 선택과 집중의 결과로 그림책을 택한 나였다. 책방에 있는 대부분의 그림책은 책방지기가 된 이후에 읽어나갔다.

책방 주인은 온종일 한가롭게 책만 읽을 것 같지만 그렇지 않다. 생각보다 해야 할 일이 많아서 책을 읽는 시간을 따로 확보하지 않으면 안 될 정도다. 처음부터 손님이 많이 찾아왔다면 나 역시 그 많은 책들을 다 읽지 못했을 것이다. 삶에서 의미 없는 시간은 없다. 그때의 착각과 실패와 한산함이 지금은 모두 경험으로 쌓여 나를 성장시켰다.

매년 겨울이 되면 산타 할머니 이야기가 떠오른다. 산타 마을에 사는 한 소녀는 산타가 되고 싶다는 소망을 가지고 있었다. 하지만 우리가 으레 '산타 할아버지'라고 부르듯, 산타는 남자만 할 수 있었다. 하지만 포기하지 않고 매년 여자도 산타가 될 수 있게 해달라는 편지도 보냈다. 소녀는 어느덧 할머니가 되었지만 여전히 언젠가는 산타가 될 수 있을 거라 생각하며 하루하루를 보냈다. 스키를 타고 눈길을 달리고, 눈 내리는 밤길을 혼자 씩씩하게 산책도 해보고, 틈틈이 지도를 보면서 계속 꿈을 이어나갔다. 그러던 중 성별에 관계없이 아이를 사랑하는 사람이라면 누구나 산타에 지원할 수 있다는 모집 공고를 보게 되고, 결국 당당히 산타로 선발된다. 그간 할머니가 쌓은 작은 연습과 노력이 결실을 맺게 된 것이다. 여기까지가 진수경 작가의 그림책 『산타 할머니』 이야기다.

크리스마스에 전 세계 아이들에게 선물을 나눠주러 다니는 산타는 못 되더라도, 책방에 찾아온 아이들에게 그림책을 통해 행복을 전하는 책방지기는 될 수 있지 않을까? 여전히 크리스마스 시즌이 되면 가장 잘 보이는 곳에 성탄절 그림책을 진열해 놓는다. 팔리든 안 팔리든 책방지기로서 내 할 일을 하는 것이다. 크리스마스는 매년 돌아오고, 올해 못 판 책은 내년에 또 팔면 되니까.

왜 여기서 책을 사야 하는데?

 온라인 강국 대한민국, 배달의 민족 대한민국. 그로 인해 요즘 대부분의 사람들은 온라인 서점을 통해 책을 구매한다. 10퍼센트 할인에 5퍼센트 적립까지 해주고, 책을 주문하면 다음 날 도착하는 세상이니 그럴 수밖에 없다. 직접 서점에 가서 책을 산다고 해도 교보문고 같은 대형 서점을 찾아가는 게 일반적일 것이다. 마음 같아서는 나도 대형 서점처럼 할인에 적립까지 해주고 싶지만 동네 책방의 운영 구조상 할인은 불가능한 게 현실이다.

 대부분의 동네 책방은 도서를 정가에 판매한다. 그리고 구비해 두는 도서 수에도 한계가 있으니 손님 입장에서는 동네 책방에 방문했다가 내가 사고 싶은 책이 없는 경우도 허다하다. 서점에 없는 책을 따로 주문해도 책을 받아보는 데 드는 시간이 온라인 서점보다 더 오래 걸린다. 이런 상황에서 동네 책방들이 살아남으려면 그 책방만의 특색, 차별점, 무기, 필살기가 꼭 필요하다. 나 역시 이 부분에 대해 고민해 보았지만 잘 떠오르지 않았다. 자기소개서를 쓸 때 '특기' 칸을 채워 넣는 데도 한참을 고민할 만큼 딱히 잘하는 것도 없는 내가 어떻게 우리 책방만의 특별함을 만들어 낼 수 있을까?

이 고민을 풀어내려면 우선 내가 꿈꾸는 책방의 모습이 선명해야 했다. 내가 살고 있던 동네는 아이들이 많았지만 그 아이들이 마음껏 뛰어놀 놀이터 하나 없었다. 놀이터는커녕 사람들이 안전하게 걸어 다닐 수 있는 인도조차 없는 난개발 지역인 데다가, 대중교통까지 열악했다. 도서관이나 대형 서점도 그리 가깝지 않아 차가 없는 뚜벅이 엄마들은 아이들과 함께 책을 보러 가는 것도 쉽지 않았다.

그래서 우리 서점은 동네 사람들이 책이라도 마음껏 편하게 볼 수 있는 곳이 되고 싶단 마음이 컸다. '마음껏 편하게'라는 부분을 고민하다 보니 나의 마음가짐뿐만 아니라 실질적인 장치가 필요하다는 생각이 들었다. 어른들이야 책이 손상되지 않게 조심스럽게 볼 수 있겠지만 아이들은 다르다. 그림책이 대부분인 우리 책방에는 아무래도 아이들이 많이 올 테고, 아이들은 손이 여물지 않아 의도치 않게 책을 훼손하는 일이 많이 벌어질 것이다. 실제로 어린아이들은 한 장 한 장 넘길 때마다 책을 구기기 일쑤다. 심지어 찢거나 떨어뜨려 겉표지를 상하게 하기도 한다. 그런 책을 다른 손님에게 새 책이라며 정가에 팔기는 어렵지 않겠는가. 아마도 아이들이 책을 집을 때마다 내 마음이 조마조마해 곁눈질로 계속 쳐다보게 될 게 뻔했다. 내 성격 상 그런 아이들에게 매번 주의를 주기도 어려울 것 같았다. 내 마음이 불편한데, 손님들이라고 마음이 편할 리 없다. 그리하여 '마음껏 편하게' 보게 하려면 샘플북이 필요하다는 결론에 이르렀다.

'좋아! 우리 책방은 샘플북 100퍼센트로 가는 거야.'

그런 호기로운 마음으로 책방에 입고된 모든 책에 샘플북을 만들기 시작했다. 샘플북이 있으니 역시나 손님들이 부담 없이 책을 펼쳐보았다. 아이가 읽고 싶어 하는 책을 골라 오면 엄마가 다정하게 읽어주기도 하고, 혼자서 책을 읽을 수 있는 아이들은 아예 책으로 탑을 쌓아가며 시간 가는 줄 모르고 읽기도 했다. 내가 꿈꾸던 모습이었다. 책방에 자주 오시던 어떤 손님은 이런 말도 했다.

"제가 다른 책은 대형 서점 가서 사도, 아이들 책은 꼭 여기 와서 사요."

대형 서점 그림책 코너에 가본 사람은 알겠지만, 유독 그림책만은 펼쳐보지 못하게 비닐포장이 되어있다. 역시나 아이들 손에 의해 책이 훼손되는 걸 막기 위한 조치다. 몇몇 책만 샘플북이 있을 뿐, 대형 서점에 가면 아이들이 책을 읽어보고 고르기란 쉽지 않다.

'샘플북 100퍼센트' 콘셉트는 손님들이 대형 서점이 아닌 우리 책방에 와서 그림책을 구매해야 할 차별점이 되어주었다. 아이들은 간혹 읽어보지도 않고 표지만 보고 "이 책 사줘!"라고 말하기도 하는데, 그런 아이들에게 나는 이렇게 말한다.

"책은 표지만 보고 고르는 게 아니야."

책방 주인이 책 사겠다는데 왜 말리냐고? 그건 우리 책방에서 사 간 책이 정말 오래도록 사랑받기를 바라는 마음 때문이다. 한 번 읽고 책장에 계속 꽂혀만 있다가 버려지는 그런 책 말고, 자주 자주 생각날 때마다 꺼내보고 싶은 책을 사 갔으면 좋겠다. 그림책은 원래 그런 거니까. 그림책은 여러 번 들여다보는 책이고, 볼 때마다 다르게 느껴지는 책이니까. 그래서 난 오늘도 손님들께 이렇게 말한다.

"충분히 읽어보고 정말 마음에 쏙 드는 책을 발견했을 때사 가세요!"

이것 또한 샘플북이 있기에 자신 있게 말할 수 있는 것이었다. 그런데 이 콘셉트에는 치명적인 단점이 있었으니, 바로 돈이 엄청 많이 든다는 것이었다. 몇몇 손님들은 이 샘플북들을 모두 출판사에서 제공해 준 걸로 생각하기도 했는데, 그것은 크나큰 오해다. 일명 '내돈내산'으로 전부 다 사비를 털어서 구매한 책들이었다. 지금은 감사하게도 많은 출판사들이 샘플북을 보내주시지만, 그 당시엔 이제 막 문을 연 햇병아리 책방이라 그렇지 않았다. 책방에서 판매되는 책의 양보다 새로 입고되어 들어오는 책이 더 많다 보니 계속해서 샘플북을 만들어 내는 게 어느 순간 금전적 부담으로 다가오기 시작했다.

그래서 현재도 샘플북 100퍼센트냐고 묻는다면, 안타깝게도 그렇지는 못하다. 초창기보다 책방에 소장 중인 그림책의 종수가 훨씬 많이 늘어난 탓에 모든 책에 샘플북을 두기는 더더욱 어려워졌다. 그래도 여전히 샘플북을 꾸준히 만들어내고 있기는 하다. 현재는 샘플북이 있는 그림책은 60퍼센트 정도이고, 이 정도도 다른 책방들에 비하면 정말 많은 편이라는 걸 손님들이 알아줬으면 좋겠다. 아니, 알아주는 걸 넘어서 그렇게 돈이 많이 드는데도 굳이 굳이 손님들을 위해 만들어 놓은 샘플북들을 많이 좀 보러 오시면 더 좋겠다.

차별점과 필살기……. 생존을 위해 꼭 필요하다고는 말했지만, 이런 것이 있어야만 동네 책방이 살아남을 수 있다는 현실이 안타깝기도 하다. 어떤 책방 사장님은 '왜 책방을 하게 되었냐'는 물음에 이런 대답을 하셨다. 자신은 부모님이 책방을 하셨기 때문에 동네에 책방이 있는 걸 너무 당연하게 여기고 자랐는데, 결혼하고 아이 낳고 살면서 문득 돌아보니 가까이에 책방이 하나도 없더란다. 그게 너무 이상해서 결국 자신이 책방을 차리게 되었다는 것이다. 그 말처럼 책방 하나 없는 동네는 정말 이상하지 않은가. 우리 동네에 있는 책방이라는 사실 하나만으로도 이곳에서 책을 살 이유는 충분하다고, 나는 또 이렇게 순진한 마음을 품고 살아간다.

아이와 함께 일한다는 것

 책방을 열게 된 계기가 아이의 불안 증세로부터 시작된 만큼, 일을 하되 가족과 충분한 시간을 보낼 수 있도록 무리하지 않는 선에서 책방을 운영하기로 결심했다. 주말과 공휴일은 가족과 함께 보내기 위해 쉬었고, 평일에도 하루를 제외하고는 저녁 식사 시간 전에 책방 문을 닫았다. 쉬는 날도 많고 운영 시간도 길지 않아 손님을 놓칠 수도 있었지만, 아이를 키우며 이 일을 오래 하려면 나 스스로 워라밸을 꼭 지켜야만 했다.
 회사에 다닐 때는 아침 일곱 시 전에 집을 나서야 했기 때문에 등원 도우미 이모님의 도움을 받았다. 이모님이 아이를 오전 열 시까지 어린이집에 데려다 주면 내가 회사 끝나고 저녁 여섯 시쯤 아이를 데리러 갔다. 그렇게 하루의 열한 시간 정도는 아이와 떨어져 지냈다. 책방을 하고 나서는 그 시간이 많이 줄었다. 이제 어린이집 등원은 내가 직접 시킬 수 있게 됐다. 아이와 함께 눈을 뜨고, 분주하지만 마음 아프지 않은 아침 시간을 보내고, 기분 좋게 어린이집에 데려다주고 나면 나도 책방으로 출근을 한다.

각자의 시간을 보낸 후 아이가 하원 차를 타고 책방으로 돌아오는 때는 대략 오후 세 시 반쯤이다. 그러면 책방 문 닫는 시간까지 아이와 함께 있다가 같이 퇴근한다. 우리는 이제 하루에 여섯 시간 정도 떨어져 지낼 뿐이다. 함께 있는 시간이 길어졌다고 특별히 아이한테 뭘 더 해주거나 하진 않지만, 아니 오히려 더 버럭 하고 싸우는 날이 많지만 그래도 우린 좋았다. 어쨌든 옆에 있어줄 수 있다는 것이 나의 죄책감을 덜어줬고, 아이 역시 불안감이 사라지고 정서적으로 안정된 생활을 하게 되었으니 말이다. "엄마랑 매일 싸워도 엄마가 세상에서 제일 좋아!", "회사 다니는 엄마보다 책방 하는 엄마가 더 좋아!"라고 말하는 아이가 있어서 나 역시 웃을 수 있었다.

그렇다고 모든 것이 다 좋아진 것만은 아니다. 회사에 다닐 때와 가장 큰 차이점은 자영업은 퇴근을 해도 퇴근이 아니라는 것이었다. 회사는 그래도 퇴근을 하고 나면 잠시 회사 일은 잊고 지낼 수 있었지만, 자영업은 퇴근을 해도 매장 문만 닫았을 뿐이지 머릿속에 일에 대한 생각이 떠나질 않는다. 홍보를 어떻게 할까, 어떤 프로그램을 기획할까, 이건 어떨까, 저건 어떨까……. 몸은 퇴근해서 아이 옆에 있지만, 정신은 계속 야근 중이라 아이에게 미안할 때도 많다.

또 너무 이른 하원 시간도 문제가 되었다. 책방을 지켜야 하다 보니 아이를 데리러 가기가 쉽지 않아서 하원 때는 어린이집 차량을 이용하게 되었는데, 차량 운행 시간이 고정되어 있어서 종일반임에도 불구하고 세 시 반이면 아이가 책방에 도착했다. 엄마들은 모두 알 것이다. 세 시 반이 얼마나 빨리 돌아오는지. 엄마가 일하는 동안 아이는 두세 시간 정도를 책방에 머물러야 하는데, 만 3세에게 그 시간은 꽤나 지루할 수밖에 없다. 아이의 심심함을 달래주려 틈나는 대로 그림책을 읽어주었지만 그것만으로는 부족했다. 장난감도 TV도 없는 책방에서 아이는 매일 같이 유튜브를 보여달라고 외쳐댔다.

"아들, 여기는 책방인데 네가 유튜브를 보고 있으면 다른 친구들도 와서 책 안 보고 유튜브만 보고 싶어 할 텐데? 그러면 엄마가 책을 못 팔 텐데? 책 못 팔아서 엄마 책방이 망하면 네가 좋아하는 장난감도 못 사주고, 맛있는 것도 못 사줄 텐데?"

이렇게 설득을 해보았지만 돌아오는 대답은 "그래도 유튜브 볼래!"였다. 결국 유튜브는 손님이 아무도 없을 때만 보여주겠다고 약속을 했더니 더 큰 문제가 발생했다. 아이가 손님들을 공격하기 시작한 것이다. 손님이 오면 "난 손님 싫어! 손님 언제 가?"라며 큰 소리로 떠들어댔다. 아, 정말 난감하다. 아무리 어린아이가 하는 말이라도 그런 소리를 들으면 기분이 상할 수 있다. 손님에게는 친절해야 한다는 말을 아이는 이해하지 못했다. 설명하다 지쳐서 결국 혼을 내는 일이 잦아졌.

다행히 '시간이 약이다'라는 말은 아들에게도 통했다. 책방 생활이 한 달쯤 넘어가자 장난감을 챙겨 와 혼자만의 놀이를 하기도 하고, 마음에 드는 표지가 보이면 먼저 책을 읽어달라고도 하고, 책방에 찾아온 손님들과 대화도 나누며 시간을 보내는 방법을 터득한 것이다. 유튜브를 아예 안 보는 건 아니지만, 엄마가 보여줄 때까지 잘 참고 기다릴 줄도 알게 되었다.

아이와 함께 일을 할 수 있다는 것은 다행이면서도 마냥 수월한 일은 아니었다. 함께 있는 세 시간도 길게 느껴졌는데, 어린이집 방학 기간엔 종일 같이 있어야 하니 솔직히 죽을 맛이었다. 아이를 위한다는 명목으로 시작한 일인데, 아이가 함께 있어 일에 집중할 수 있는 시간이 줄어드니 짜증이 났다. 그러다 문득 지금 회사에 다니고 있었다면 '휴가를 써야 하나, 할머니 댁에 보내야 하나' 발을 동동거리고 있었을 거란 생각이 들었다. 돌봄 공백에 대한 걱정 없이 아이 곁을 지킬 수 있는 지금은 그때에 비하면 감사한 상황인 것이다.

 아이가 일을 좀 방해하면 어떠한가. 종일 책방에 있기 힘들면 잠깐 아이랑 어디든 놀러갔다 오면 될 일이다. 천천히 가자. 육아를 하면서도 내 일을 지켜내려면 당장의 욕심은 내려놓고 더 먼 곳을 바라봐야 한다. 결국 아이는 점점 자랄 것이고, 선배 엄마들의 말처럼 눈 깜짝할 사이에 엄마 품을 떠나 자신의 길을 가려할 것이다. 그러니 지금은 그저 고마워하자. 어쨌든 방학은 곧 끝날 테니까.

새로운 시도가 두려운 당신을 위한 그림책 추천

곰이 강을 따라갔을 때 글 리처드 T. 모리스 · 그림 르웬 팜 | 소원나무

강을 따라가던 곰 한 마리가 실수로 강에 빠져버렸다. 그게 바로 엄청난 모험의 시작이라는 것은 누구도 몰랐다. 내가 앞으로 어떤 일을 겪게 될지, 그 과정 속에서 어떤 인연들을 만나게 될지는 가보지 않으면 모른다. 이 강의 끝에 무엇이 있을지 궁금하다면 일단 강물에 몸을 맡겨보시길.

걱정 상자 글·그림 조미자 | 봄개울

누구나 마음속에 걱정이 있다. 걱정이라는 것은 계속 생각만 하다 보면 꼬리에 꼬리를 물고 점점 커져서 실체보다 더 큰 불안감을 몰고 온다. 새로운 무언가를 시작하려니 걱정부터 앞선다면, 일단 이 책에 나온 대로 걱정을 상자에 담아보자. 그렇게 시작해 보자.

귀를 기울이면 글 나딘 로베르 · 그림 친렁 | 작은코도마뱀

무언가를 선택하고 결정하는 일은 언제나 어렵다. 이것도 저것도 하고 싶지만 뭘 선택하는 게 좋을지 몰라 우물쭈물하며 고민에 빠진다. 그럴 때는 마음의 소리를 들어 보자. 숲의 소리에 귀 기울여 자신이 가야 할 길을 찾은 클로버처럼, 내 마음속 소리에 귀 기울이면 언제나 길을 찾을 수 있다.

기린의 날개 글 심예빈 · 그림 이갑규 | 봄개울

액자 속에 살던 작은 아기 기린은 어느 날 진짜 세상에 나가고 싶다는 생각이 들었다. 더 넓은 세상으로 나가려면 일단 내 안의 틀을 부숴야 하는 법. 우물 안 개구리가 아닌 드넓은 초원 속 자유로운 기린이 되고 싶다면 오늘은 당신을 가두고 있던 액자를 넘어 진짜 세상으로 나가보자.

다이빙 글·그림 호아킨 캄프 | 노는날

우리가 무언가를 시작하기 어려운 이유는 바로 두려움 때문이다. 그러나 새로운 도전 앞에 두렵고 떨리는 마음이 생기는 건 너무나 당연한 일. 마치 높은 다이빙대 끄트머리에 서 있는 사람처럼 말이다. 지금 응원이 필요한 당신에게 전하는 두려움에 대한 유쾌한 이야기.

돌을 다듬는 마음 글 코비 야마다 · 그림 엘리스 허스트 | 상상의힘

"도대체 어떻게 한 거지?" 어느 조각가의 작품에 마음을 빼앗긴 소년이 자신도 모르게 중얼거렸다. 조각가는 이렇게 답한다. "그냥 한번 해보는 거지." 아무것도 하지 않는다면 내가 무엇을 해낼 수 있는지도 알 수 없다. 돌을 다듬는 마음으로, 때론 '그냥 한번' 해보는 용기도 필요하다.

마음먹은 고양이 글 강경호 · 그림 다나 | 나무말미

할 수 있는 일과 할 수 없는 일 사이에 선을 그어둔다면 선 너머에서 우리를 기다리는 행복과 즐거움은 영영 맛볼 수 없다. 한번 마음먹으면 꼭 해내고야 마는 고양이처럼 일단 한번 마음먹고 모험을 떠나보자. 시작이 반이라는데, 마음만 먹으면 이미 절반은 성공한 거나 다름없으니까.

빨간 꽃을 찾은 너에게 글 크렌 빙 · 그림 앤드루 조이너 | 나무말미

어른 양들은 어린 양에게 말한다. 이곳 울타리 안에 있으면 모두가 따뜻하고 안전하다고. 그래, 어쩌면 살던 대로 사는 게 가장 편하고 쉬운 길일지도 모른다. 하지만 울타리 안에는 없는 나만의 예쁜 빨간 꽃을 찾고 싶다면 별수 없다. 담장을 넘어 바깥세상에 발을 디뎌 볼 수밖에.

시작해 봐! 너답게 글 · 그림 피터 H. 레이놀즈 | 웅진주니어

나에겐 아무 능력이 없다고 생각하는가? 내가 할 수 있는 건 많지 않다고 생각하는가? 그렇지 않다. 중요한 건 나답게 사는 일이다. 사람은 저마다 나다운 무언가를 갖고 태어난다. 무엇을 시작하든 그저 나답게 하다 보면 어느새 당신이 이 세상의 주인공이 되어 있을 것이다.

실패 가족 글 신순재 · 그림 이희은 | 웅진주니어

더 이상 무언가를 무서워하고 싶지 않다면 어떻게 해야 할까? 방법은 간단하다. 더 이상 무서워하지 않도록 익숙해지면 되는 거다. 만약 실패가 무섭다면 더 이상 실패가 무섭지 않도록 실패하고 또 실패해 보면 된다. 실패를 두려워하다간 영영 겁쟁이로 남을지도 모르니까.

2장
본격 동네 책방 운영기

우리 그림책 모임 할까요?

책방 창업을 준비하면서 나를 가장 들뜨게 했던 것은 책방 안에서 이루어질 다양한 모임들을 떠올려 보는 것이었다. 그냥 책만 파는 '서점'이 아니라, 책 모임이나 다양한 문화 프로그램을 통해 동네 사람들과 교류하고 마음을 나눌 수 있는 '책방'이 되고 싶었다. 특히 나와 같은 엄마들과 함께 소통과 위로의 시간을 보내며 잠시나마 엄마가 아닌 그냥 '나'로서의 시간을 선물하고 싶다는 바람이 컸다.

책방 문을 연 지 3주 정도 지났을 무렵, 이제 책방 일과 카페 업무에 조금씩 적응이 되어 가고 있었기에 모임을 시작해야겠다고 결심하고 두근거리는 마음으로 블로그에 모임 공지를 올렸다. 그림책 테라피 모임인 〈그림책 마음 공부〉, 내 마음을 움직이게 하는 보물 같은 그림책을 찾아보는 시간인 〈그림책 보물찾기〉, 아이들을 대상으로 그림책 독후 활동을 진행하는 〈책방에서 책놀이〉, 이렇게 세 가지 모임을 기획하고 나름대로는 얼마나 뿌듯했는지 모른다.

첫 모임을 머릿속으로 혼자 시뮬레이션 해가며 신청이 들어오기를 기다렸다. 기다리고 또 기다렸다. 하염없이 기다렸다……. 아무도 신청하지 않았다. 매우 당황스럽고 민망했지만 곧 마음을 다잡았다.

'그래, 그럴 수 있어. 아직 이 모임들에 대한 아무런 히스토리도 없는 상황에서 선뜻 돈을 지불해 가며 오는 사람은 흔치 않을 거야.'

우선은 한두 번이라도 모임을 진행하고, 우리 책방 모임에 대한 후기를 쌓는 것이 먼저였다. 그래서 그림책 모임 무료 참석권 이벤트를 진행하기로 했고, '무료'라는 키워드가 통했는지 드디어 신청이 들어오기 시작했다.

이렇게 우여곡절 끝에 처음 그림책 모임을 하는 날이 되었다. 독서 모임에 참여해 본 적은 있었지만, 직접 호스트가 되어서 진행을 하는 건 처음이라 긴장되기도 했다. 물론 겉으로는 아주 능숙한 척했지만 말이다. 모임에 참석해 준 손님들에게 〈그림책 마음 공부〉가 어떤 모임인지 간단히 안내를 하고, 돌아가며 자기소개를 한 뒤 그림책을 읽었다. 그림책에 대해 아무것도 모르던 내게 깊은 감상을 남겼던 『엄마 마중』이었다. 책을 함께 읽은 후엔 각자의 내면에 살고 있는 아이에 대한 이야기를 나누었는데, 주제가 주제이다 보니 모두들 상처로 남아있던 옛 기억을 꺼내놓게 되었다. 서로의 이야기를 듣던 우리는 어느새 하나둘 눈가가 촉촉해지더니 결국은 눈물바다가 되고 말았다. 책놀이 수업에서 눈물 콧물 다 흘렸던 그날의 나처럼 모두가 그림책에 빠져든 것이다. 우리는 오늘 처음 본 사람들이 맞나 싶게 친근함을 느끼게 되었고, 그 어느 때보다 솔직해진 내 자신에 좀 놀라기도 했다. 참여하신 분들은 그림책 하나로 이런 이야기들을 편하게 나눌 수 있다는 것이 신기하고 특별하게 다가왔다고 말했다. 첫 모임은 꽤 만족스럽게 마무리가 되었다.

아쉽게도 〈그림책 마음 공부〉와는 달리 다른 모임들의 시작은 그다지 좋지 않았다. 〈그림책 보물찾기〉는 무료 이벤트를 했음에도 신청자가 단 한 명도 없었다. 함께 하면 정말 재미있고 의미 있을 것 같아서 기획한 모임이었는데, 철저히 외면당

한 걸 보니 사람들의 흥미를 끌지 못했나 보다. 실제로 보물찾기 하듯이 책방 상품권도 만들어서 몰래 그림책 한 권에 숨겨 놓는 깜짝 이벤트도 준비했건만, 아무도 참여하지 않으니 무용지물이 되어버렸다. 이후로도 새로운 모임을 기획했다가 신청자가 없어서 조용히 접는 경우가 종종 있었다. 나 혼자만 재미있으면 뭘 하나. 손님들의 선택을 받지 못하는 모임은 안타깝지만 포기하는 게 맞다. 어쨌든 이런저런 시도를 해보았다는 것 자체로는 의미가 있었으니까.

〈책방에서 책놀이〉는 성인이 아닌 아이들을 대상으로 했었기에 고려해야 할 것들이 많았다. 아이들은 한 살만 차이가 나도 발달 수준이 크게 달라지기 때문에 함께 책놀이를 할 연령을 정하는 것부터가 쉽지 않았다. 최적의 시간대나 요일을 정하는 것도 어려웠고, 아이들의 그날그날 컨디션도 분위기를 크게 좌우했다. 무엇보다 아이들을 대상으로 무언가를 하게 되니, 손님들이 나를 그냥 책방지기로 대하지 않고 학부모의 눈으로 뾰족하게 바라보는 것이 불편하게 느껴졌다. 아이들과 함께하면서 재미있고 보람 있었던 부분도 있었지만, 마냥 즐겁게 느껴지지 않다 보니 결국 책놀이도 오래 지속하지 못하고 끝내게 되었다.

결국 반응이 좋았던 〈그림책 마음 공부〉에 새롭게 기획한 몇 가지 모임을 더하여 한 달에 서너 개 정도의 책 모임을 꾸려나갔다. 참여하신 분들의 만족도가 높았기에 이후 모임에도 계속 나와주지 않을까 기대했지만, 몇몇 분들만 꾸준히 참여하셨고 대부분 일회성 참석이 많았다. 책 모임이 사람들의 일상 속에 스며들길 바랐지만, 한 번 정도 경험해 보면 좋을 이벤트처럼 느낄 뿐 지속적인 참여로 이어지지 못하는 게 아쉬웠다.

6년 차 책방지기인 지금은 단 한 명이라도 독서 모임의 세계로 이끌었다면 잘한 것이란 생각이 든다. 그때는 욕심이 더 컸던 것 같다. 독서 모임이 우리의 삶을 더 풍요롭게 한다고 믿지만, 여유가 없는 사람들에게는 그마저도 사치일 수 있다는 것을 안다. 아마도 바쁜 일상의 한 조각을 쪼개어 책방에 왔으리라. 그러기에 단 한 번의 경험으로 끝났더라도 함께해 줘서 고마웠다고 말하고 싶다. 언젠가 다시 또 그림책을 함께 나누고 싶다는 생각이 든다면 그때 다시 찾아올 수 있도록 책 모임을 계속 해서 이어나가는 일, 그것이 내가 그들에게 해줄 수 있는 최선일 것이다.

혹시 책 모임에 관심은 있지만 '한 번도 해본 적 없어서',

'어려울 것 같아서', '모르는 사람들과 이야기 나누는 게 어색해서' 등의 이유로 참여를 망설이는 사람들이 있다면 그림책 모임부터 시작해 보라고 권하고 싶다. 책을 미리 읽고 와야 하는 일반 독서 모임과는 달리, 그림책 모임은 당일에 함께 책을 읽고 이야기 나누는 경우가 많다. 게다가 독서 토론 형식보다는 느껴지는 대로 개인적 감상이나 경험을 공유하는 방식으로 진행되기 때문에 누구나 쉽게 참여가 가능하다.

  우리 책방을 찾아주셨던 어떤 작가님의 말에 의하면 '좋은 독서 모임 한두 개를 가지는 것이야 말로 가장 좋은 노후 대책'이라고 한다. 평소에 친하게 지내던 사람들과 독서 모임을 해도 좋지만, 모르는 사람들 앞에서는 더 진실로 내가 하고 싶은 이야기를 꺼낼 수 있기에 처음 보는 사람들과 모임을 함께 해 보는 걸 추천한다. 당신의 인생에 좋은 책 친구가 생길 것이다.

우리 책방에 작가님이 오신다면

 독서 모임은 시작했으니 그다음은 '작가와의 만남' 차례였다. 책을 좋아하는 사람들에게 작가라는 존재는 선망의 대상이 아닐 수 없다. 그런 작가를 가까이에서 마주하고, 그의 책과 삶에 대한 이야기를 듣고, 평소 내가 궁금했던 것들도 물어가며 소통할 수 있는 자리가 있다면 얼마나 좋을까. 그런 멋진 시간을 우리 동네 사람들에게 선물할 수 있다면 정말 뜻깊을 것 같았다.

 그런데 문제는 '작가들을 어떻게 섭외하느냐'는 것이다. 출판계 쪽에 있었던 사람이 아니다 보니 개인적인 친분이 있는 작가도 없거니와, 공적으로 만나본 작가 또한 한 명도 없었다.

작가 인맥이 전무한 나에게 필요한 것은 '일단 들이대' 보는 자세뿐이었다. 마침 블로그 이웃이었던 분이 이번에 책을 출간하게 되었다면서 북토크를 진행하고 싶은 곳이 있으면 연락 달라는 글을 남겼다. 그 글에 용기를 얻어 연락을 해보았고, 작가님이 흔쾌히 응해주신 덕분에 첫 '작가와의 만남'이 성사되었다. 원래 잘 들이대는 성격은 아니었지만 목마른 사람이 우물을 판다고 무언가 하고 싶은 마음이 커지니까 저절로 그렇게 되었다. 이 또한 책방지기가 되면서 얻은 성격 변화였다.

그때는 작가 강연을 하면 신청이 쇄도할 줄 알았다. 내가 진행하는 책 모임은 항상 참여자가 부족했지만, 이건 무려 '작가'를 직접 만날 수 있는 기회니까. 그것도 멀리 나가야 하는 게 아니라 바로 우리 동네에 작가가 찾아오는 것이니 얼마나 특별하고 흔치 않은 기회란 말인가. 이건 당연히 신청이 많이 들어올 수밖에 없을 거라 생각했는데……, 이쯤에서 눈치 챘겠지만 이번에도 역시 나의 기대는 빗나갔다.

평일 오전이라는 시간대 때문일까? 아니면 대중교통이 불편한 위치 때문일까? 강연 주제가 관심도가 떨어지나? 그것도 아니면 참가비가 너무 비싼가? 사람들이 신청하지 않는 이유에 대해 오만 가지쯤 생각해 보며 초조해했다. 작가님을 모셔 놓고 이렇게 참여자가 적으면 정말 민망하고 죄송한 일 아닌가. 이대로는 안 될 것 같아 온라인 유료 광고를 하기로 했다.

SNS, 페이스북, 당근마켓 등 홍보를 할 수 있는 각종 플랫폼에 유료 광고를 올리며 한 명이라도 더 신청이 들어오길 기다렸다. 포스터도 제작해서 책방 내외부에 붙이고, 동네사람들이 더 많이 볼 수 있도록 버스정류장에도 부착했다. (사실 버스정류장에 허가 받지 않은 광고물을 붙이는 것은 불법이다. 그래서 엄청 눈치 보면서 몰래 붙였는데, 경찰차라도 지나갈까 봐 얼마나 벌벌 떨었는지. 그날 이후 포스터를 책방이 아닌 곳에 붙이는 건 절대 하지 않는다.) 점점 배보다 배꼽이 더 커지는 격이 되었지만 이렇게라도 하지 않으면 안 될 것 같았다. 그야말로 책방 오픈 이후 스트레스 지수가 최대치를 찍었던 때였다.

다행히 적은 인원이지만 민망하지는 않을 정도의 참여자를 모을 수 있었고, 강연은 만족스럽게 진행되었다. 평일 오전에 이 정도 모인 거면 대단한 것이라는 작가님의 말을 듣고 나서야 아주 유명한 작가가 아닌 이상 작가가 온다고 해도 모객은 여전히 쉽지 않은 것이란 걸 깨닫게 되었다. 우리 책방만의 문제는 아니었던 것이다. 작가와의 만남 자체는 재미있고 유익

했지만, 행사가 끝나고 난 뒤 홀로 책방에 앉아있으니 뭔가 멍한 기분이 들었다. 참가비로 얻은 수익보다 강연료와 홍보비, 부대 비용으로 쓴 지출이 훨씬 많았다.

강연이라는 게 원래 이런 건가? 책방을 열기 전에는 이런 작가 행사나 모임이 수익적인 부분에 도움을 줄 것이라고 생각했는데 전혀 그렇지 않았다. 다른 책방들은 도대체 어떻게 이런 일들을 계속 해오는 것일까 궁금해졌다. 신경 쓸 것도 많고, 모객 스트레스도 받으면서, 정작 돈도 안 되는 일을 말이다. 심지어 어떤 책방은 참가비가 무료인 경우도 많았다. 나중에 알게 되었지만 책방에서 하는 이런 작가 초대 행사는 대부분 서점 지원 사업에 선정되어 진행하는 경우가 많았다.

책방에서 하고 싶었던 것이 많았는데 막상 시작해 보니 현실이 녹록치 않았다. 실제로 내가 겪었던 이런 이유들로 인해 작가와의 만남을 더 이상 하지 않는 책방들도 많다. 그래도 나에겐 포기하고 싶지 않았던 부분이었다. 그랬더니 신기하게도 조금씩 길이 트였다. 작가님이 먼저 연락을 주셔서 우리 책방에 오고 싶다고 하기도 하고, SNS에서의 인연으로 출판사 대표님이 무료 강연을 해주는 일도 생겼다. 자신의 책을 수줍게 내밀며 동네에 책방이 생긴 걸 축하해 주는 우리 지역 숨은 작가들과의 인연도 늘어났다. 출판계 인맥 하나 없던 나에겐 그런 일들 하나하나가 다 놀랍고 감사한 일이었다. 모객은 언제나 쉽지 않았고, 여전히 책방 매출에 큰 도움이 되진 않았지만 책방을 넘어 문화공간이 되고자 했던 꿈을 향해 조금씩 나아가고 있었다.

　이제는 작가와의 만남으로 돈을 벌 생각은 없다. 그래도 우리 책방에 계속 작가님이 오시면 좋겠다. 작가는 그 자체가 한 권의 책이다. 작가와의 만남은 책 한 권을 좀 더 깊이 들여다보는 시간이다. 그 시간 속에서 내 마음에 울림을 주는 메시지 하나는 꼭 건지게 된다. 그 뭉클하고 충만해지는 순간의 감정에 취해 자꾸만 돈 안 되는 일을 벌이는지도 모르겠다. 이것도 책방지기로 살아가는 지금이니까 가능한 일이니 일단 하고 싶은 건 다 해보고 싶다.

내가 그림책을 고르는 방법

책방에 온 손님들, 특히 아이들이 "여기에 재미있는 책이 정말 많아. 다 사고 싶어"라고 말해줄 때 어깨가 으쓱해진다. 책방의 입지나 인테리어도 중요하지만 어쨌든 책방은 책으로 보여주는 곳이니까. 종종 손님들이 이 책들을 모두 직접 고른 거냐며 어떤 기준으로 책을 입고하는지 물어볼 때가 있다. 물론 전부 다 내가 직접 고른 책들이다. (읽어보고 고른 책은 아니지만…….) 앞서 얘기했듯 그림책을 거의 모르는 상태에서 책방을 시작했기 때문에 초기의 책 선택은 이미 어느 정도 검증이 된 책들 위주로 고를 수밖에 없었다.

① 칼데콧, 볼로냐 등 권위 있는 상을 받은 그림책
② 온라인 서점에 베스트셀러와 스테디셀러로 올라가 있는 그림책
③ 그림책 관련 이론서, 큐레이션 북, 에세이 등에서 추천하는 그림책
④ 내가 읽고 마음에 들었던 그림책 (사실 이건 매우 적었다.)

우선 위의 네 가지 기준을 가지고 책 구매 목록을 만들고, 그중 절판되었거나 가격이 너무 비싼 책들은 제외하면서 목록을 정리해 나갔다. 그렇게 완성한 목록을 바탕으로 오픈 초기 책방의 서가를 채웠다. 우선 입고하고 한 권 한 권 읽어보니 예상대로 좋았던 책들도 있었지만, 생각보다 나의 취향과는 거리가 멀거나 별 감흥이 느껴지지 않는 책들도 많았다.

'이거 상 받은 책이랬는데, 내가 아직 그림책을 잘 몰라서 제대로 못 보고 있는 건가?'

그렇게 나를 갸웃거리게 한 그림책 중에 물론 나중에 다시 읽고 좋아진 책도 있다. 그러나 6년이 지난 지금도 여전히 내 취향과는 거리가 먼 책도 있다. 책 입고는 한 번으로 끝나는 게 아니다. 신간은 계속해서 쏟아져 나오고, 뒤늦게 발견한 보

물 같은 그림책들도 자꾸만 눈에 띄었다.

'이건 소비가 아니라 투자야. 좋은 책이 많아야 손님들이 책을 많이 사 갈 거 아냐.'

그렇게 책 파는 속도보다 더 빠르게 책을 사들였다. 문제는 조바심에 있었다. 책방을 오픈한 뒤 그림책 활동가들이 추천하는 책이나 그림책 커뮤니티에서 계속 언급되는 책들을 보면 왠지 이 책이 우리 책방에 없으면 안 될 것 같아 제대로 알아보지도 않고 무조건 주문을 넣었다. 당장 다음 날이라도 "이 책 없어요? 그림책 전문 서점이라면서 이 책이 없는 게 말이 돼요?"라며 누군가 따지고 올 것만 같은 기분이랄까. 그렇게 입고한 책들 중 상당수는 내 마음을 잡아끌지 못했다.

동네 책방의 베스트셀러 목록을 보면 결국 책방지기가 좋아하는 책이 순위권에 오른다. 어떤 책을 살지 결정하지 않고 동네 책방에 온 사람들은 책방지기의 추천에 의해 책을 선택하는 경우가 많기 때문이다. 내가 좋다고 느낀 책이어야 진심으로 추천할 수 있고, 제대로 팔 수 있다. 그래서 일단 어느 정도 그림책에 대한 나만의 기준이 생기기 전까지는 다른 사람들의 추천 글을 되도록 보지 않기로 했다. 흔들리지 않기 위해 잠시 눈을 감기로 한 것이다.

그렇다면 이제는 명확한 입고 기준이 생겼을까? 입고 기준은 없지만, 재입고 기준은 있다. 내가 읽고 좋다고 느낀 책이다. 읽어보기 위해선 출판사에서 보내준 샘플북을 제외하면 책방지기도 결국 사서 보는 수밖에 없다. 그래서 처음 입고는 그냥 감으로 한다. 제목, 표지, 작가, 출판사, 주제, 그림체 등을 전반적으로 보고 뭔가 읽어보고 싶단 느낌이 들면 입고를 한다. 6년 동안 그래도 그림책 보는 눈이 좀 생겼는지, 이제는 감으로 선택해도 실패율이 그리 높지는 않다. 다른 사람의 추천에 의지해서 선택했던 예전에는 실패할 확률이 50퍼센트 정도였다면, 나의 감으로 선택하는 지금은 10~20퍼센트 정도로 많이 낮아졌다. 내 취향이 아닌 책이라고 바로 반품하지는 않는다. 이건 나의 취향이고, 손님들 취향은 다를 수 있는 법이니까. 다만 재입고를 하지 않을 뿐이다.

세상에는 좋은 책도 나쁜 책도 없다. 그저 취향의 문제일 뿐이다. 여긴 내가 운영하는 책방이고, 서가 공간은 한정적이니 당연히 책방지기의 취향으로 채우는 것이 옳지 않은가. 다만 내 눈에 좋은 그림책이 너무 많다는 게 함정이다. 나는 평생 미니멀리스트는 되지 못할 듯하다. 책방 서가는 항상 포화 상태다.

여전히 손님들이 와서 "이 책 있어요?"라고 물었을 때 "그 책은 없는데요"라고 말하는 게 순간순간 민망해질 때도 있지만 괜찮다. 이제는 수상작이라는 타이틀에, 남들이 추천하는 책이라는 조바심에, 신간을 놓치면 안 된다는 부담감에 그리 흔들리지 않는다. 어차피 정말 좋은 책이라면 결국에 만나게 된다. 다른 책방에 놀러갔다가 만나기도 하고, 도서관에 갔다가 만나기도 한다. 그럴 때 찬찬히 읽어보고 결정해도 늦지 않다. 오늘도 사고 싶은 그림책이 많지만 월세 내는 날이 다가오니 꾹 참아본다.

비수기와 성수기

 동네 책방을 하는 사람이라면, 아니 가게를 운영하는 자영업자라면 누구나 겪어봤을 사건, 그 일이 우리 책방에도 벌어졌다. 일 매출 0원, 손님이 하나도 없는 날이 찾아온 것이다. 나는 그 일을 책방을 오픈하고 두 달이 되어갈 때쯤 처음 겪었다. 사실 예상 못한 일은 아니었다. 그 이전에도 손님이 한 팀뿐인 날이 많았기 때문에 '언젠가는 아무도 안 오는 날도 있겠구나' 싶었으니. 그나마 카페와 같이 하고 있었기 때문에 커피 손님이라도 있어서 그 시기가 좀 늦춰졌다고 생각한다.

 그날 이후로도 일 매출 0원인 날은 종종 있었다. 처음엔 '동네 책방이라면 으레 이런 거지' 하고 태연하게(아니, 태연한 척)

지나갈 수 있었다. 이미 각오한 일 아니었냐며 스스로를 다독이며 조바심 내지 않으려고 노력했지만, 시간이 지날수록 속이 타들어 갔다. 책방지기도 사람인지라 그렇게 손님이 하나도 없는 날은 신경이 예민해져 괜히 옆에 있는 어린 아들이 불똥을 맞는다. 그런 날은 아이의 작은 행동에도 짜증이 나니까……. 화를 내고 나서는 또 미안해진다. 돈이 뭐라고 아이한테 이렇게 행동하는 내 자신이 싫어지기까지 한다.

손님은 비가 와도 안 오고, 눈이 와도 안 오고, 미세먼지가 많아도 안 오고, 날씨가 너무 좋아도 안 온다. 휴가철이라고 안 오고, 장마철이라고 안 오고, 심지어 김장철이라고도 안 온다. 책은 그렇게 모든 것의 우선순위에서 뒤로 밀린다. 얼마 뒤 다른 책방 사장님들을 여럿 만날 기회가 있었는데, 그때 이렇게 물은 적이 있다.

"원래 겨울이 가장 손님이 없는 거 맞지요?"

돌아온 대답은 더 참담했다.

"손님은 모든 계절에 다 없습니다."

책방의 비수기는 한겨울일 거라고 생각했는데, 사계절이 다 비수기란다. 이제 겨우 겨울만 겪어본 초보 책방지기에게는 암담한 이야기일 수밖에 없다. 그럼 도대체 책방의 성수기는 언제란 말인가? 이미 겪어본 대로 크리스마스 시즌은 아니다. 그러면 어린이날? 이것도 우리나라에선 크리스마스나 별반 다르지 않다. 입학 시즌? 방학 시즌? 명절 연휴? 모르겠다. 안타깝지만 아직까지도 책방의 성수기를 발견하지 못했다.

좋아서 하는 일이지만, 돈을 생각하면 가끔 자괴감이 드는 것도 사실이다. 하루 종일 일했는데 1만 원도 못 버는 날이 허다하다. 최저 시급 1만 원을 부르짖고 있는 이 시점에, 하루 매출이 한 시간의 최저 시급도 안 나온다니……. 더군다나 순이익도 아니고 매출이다. 이런 식으로는 그저 좋아서 하는 일이라도 얼마나 버틸 수 있을까? 그래도 선배 책방지기들에게 들은 그나마 희망적인 이야기가 있었다. 3년 정도 되면 좀 괜찮아진다는 얘기였다. 그게 흑자 전환해서 책방 운영에 여유가 생긴다는 소리인가 했더니 그건 또 아니었다. 3년 정도 되면 '버티는 힘'이 생긴단다. 매일 손님이 없고, 매달 쪼들리고, 매년 존폐 기로에 서지만 일단 3년을 버티면 그 이후도 버틸 수 있는 재간이 생긴다는 것이었다. 실제로 많은 책방들이 2년 정도 운영하고 문을 닫는 경우가 가장 많다고 하니 그 말도 맞는 것 같다. 1차 목표가 생겼다. 일단 3년을 버텨보자.

책방의 일상이 매번 우울하기만 한 건 아니다. 책을 좋아하지 않던 아이가 우리 책방에 온 이후로 책을 좋아하게 되었다는 이야기를 들으면 '이 맛에 책방하지'라는 말이 절로 나온다. 또 멀리서 일부러 찾아와 책을 한가득 사 가는 손님도 간혹 있으니 어찌 즐겁지 아니한가. 그렇게 중간 중간 책방지기의 사기와 에너지를 충전해 주시는 분들이 있어서 고마울 따름이다.

어쨌든 우리 책방은 3년을 버티고도 훌쩍 지나 6년을 버텼다. 비로소 그때 책방 선배들이 하셨던 말들이 진정으로 이해가 간다. 이번 달은 정말 월세 내기도 힘들겠다고 생각하는 순간 신기하게도 납품 주문이 들어온다던가, 강의 의뢰가 들어온다던가, 책방에서 인연을 맺었던 분들을 통해 좋은 제안이 들어온다. 그렇게 책방이 버텨온 지난 시간의 노력들이 다시 나에게 돌아와 버틸 힘이 되어준다. 그럴 때마다 "괜찮아, 이번 달도 수고했어", "잘했어. 충분히 잘 살고 있어"라며 나를 토닥여주는 기분이다. 1차 목표는 달성했으니 이번엔 새로운 목표를 잡아본다. 10년을 버텨보자. 그때는 또 우리 책방에 어떤 일들이 생길지, 나는 책방지기로 얼마나 성장해 있을지 기대하면서.

문턱 낮추기 프로젝트

작은 책방을 운영하면서 알게 된 사실이 하나 있다. 책방은 꽤나 문턱이 높은 곳이라는 거다. 편의점 가듯 카페 가듯 편하게 들려주길 바랐지만 동네 사람들은 쉽게 책방의 문을 열고 들어오지 못했다. 오히려 아이들은 관심을 가지고 기웃거리며 들어오고 싶어 했지만, 어른들은 그런 아이의 손을 붙잡고 그냥 지나쳐 가버리기 일쑤였다. 마치 들어가면 큰일이라도 날 것처럼. 사람들이 우리 책방에 쉽게 들어오지 못한 데는 여러 가지 이유가 있겠지만 내가 생각한 첫 번째 이유는 책을 좋아하는 사람이 그렇게 많지 않기 때문일 것이고, 두 번째는 책을 좋아해도 사서 보고 싶지는 않기 때문일 것이다. 동네 책방은 대부분 규모가 작기 때문에 대형 서점에 비해 심적 부담감이 높아진다. 무슨 말이냐면 책방 문을 열고 들어오자마자 책방 주인과 눈이 마주치게 되는 경우가 많기 때문에 그냥 구경만 하고 나가기 부담스럽다는 것이다. 그래서 아예 문턱을 넘어오지 않는다.

독서 모임이나 북토크를 하면 사람들이 좀 더 쉽게 찾아올까 싶었지만 그런 것도 소수가 즐기는 문화생활에 불과했다. 나 어릴 적엔 취미를 물으면 대개 독서, 음악 감상, 영화 감상 중에서 답이 나왔다. 그래, 라떼는 말이다. 요즘같이 할 것이 넘치는 시대에 독서가 취미인 사람이 과연 얼마나 있을까. 책을 읽지도 않는데 책을 주제로 이야기를 나눈다고? 책을 읽지도 않는데 작가를 만나 책 이야기를 듣는다고? 그런 사람들에게 동네 책방과 독서 모임, 북토크는 그저 '그들만의 리그' 같은 느낌일 것이다.

손님들 중 가끔 이런 이야기를 하는 분들이 있다.

"이 건물에 사시는 분들은 정말 좋겠어요. 책방 오고 싶을 때 아무 때나 올 수도 있고. 너무 부러워요."

정말 그럴까? 근근넝넝이 처음 자리 잡았던 건물의 1층은 상업 공간이고, 2층부터 5층은 주거 공간으로 이루어진 상가 주택이었다. 같은 건물에 살던 여덟 세대 중 2년 동안 책방을 방문한 집은 딱 한 세대 밖에 없었다. 이렇게 가까운데도 단 한 번도 오지 않을 정도로 책방은 많은 이들에게 관심 밖의 공간이다. 이 이야기를 해주면 질문을 했던 손님들은 화들짝 놀란다. 그들은 자신이 책을 좋아하니 남들도 다 그렇지 않을까 생각하지만, 현실에서 책의 존재감은 고작 이 정도였다. 안타깝지만 책만으로는 문턱을 낮추기 쉽지 않겠다는 결론에 이르렀다. 동네 사랑방을 꿈꾸었건만, 외딴섬에 홀로 있는 기분이었다.

그렇다고 마냥 이대로 있을 수는 없다. 책방 문턱을 낮추기 위해 다양한 이벤트들을 시도해 보기로 했다. 책 모임 무료 참석권 이벤트를 시작으로 그다음엔 '뚜벅이를 위한 5,000원의 행복' 이벤트를 진행했다. 우리 책방에 와보고 싶지만 차가 없어서 방문이 어려운 분들 중 몇 분을 추첨하여 단돈 5,000원으로 책방까지의 픽업과 샌딩 서비스에 음료까지 제공해 주는 이벤트였다. 실로 어마어마한 이벤트 아닌가. 우리 책방이 대중교통으로 찾아오기 쉽지 않은 곳에 있기도 했고, 차가 없어 아이들과의 외출이 쉽지 않은 엄마들에게 힐링의 시간을 선물하고 싶기도 했다.

신청자는 많지 않았지만 당첨자들의 만족도는 정말 높았다. 그날 하루의 추억으로 스친 인연도 있지만, 아직까지도 책방의 손님으로 남아계신 분도 있다. 이 이벤트를 진행하면서 안타까웠던 것은 당첨이 됐음에도 불구하고 픽업하러 가기로 한 날 아이의 컨디션이 좋지 않아서 결국 책방에 오지 못한 엄마들도 있었다는 것이다. 정말 육아는 내 맘 같지 않다. 그 이후에도 동네 책 모임 응원 이벤트, 추억의 행운 뽑기 이벤트, 커피 증정 이벤트, 중고책 할인 이벤트 등을 진행했다. 원래 처음 한 번이 가장 어렵고 그다음은 훨씬 쉬워지는 법이니까. 어떤 방식으로든 책방에 올 수 있는 계기를 만들어 주면 이후에 재방문으로 이어질 거라 생각했다. 이벤트는 확실히 호응이 있었지만, 그렇다고 이벤트에 참여한 분들이 모두 재방문 손님으로 이어지는 건 아니었다. 그래도 초보 책방지기의 이런저런 경험 쌓기라고 생각하면 나름 의미가 있었던 시도라고 본다.

문턱 낮추기 프로젝트는 계속되었다. 책방에서 플리마켓도 열어보았다. 셀러가 네다섯 팀 정도 밖에 안 되는 작은 플리마켓이었지만 그날 하루에만 평소 책방 방문객의 몇 배가 되는 사람들이 찾아왔다. 책을 사는 데는 인색했던 사람들이 중고

물품과 먹거리에는 쉽게 지갑을 열었다. 이왕 온 김에 책도 좀 사 가면 좋으련만, 책을 구경하는 사람은 극히 드물었다. 그날 행사 자체는 잘 마무리되었다. 플리마켓을 또 열어달라는 요청까지 있었으니 관심을 끄는 데는 성공한 것이다. 그러나 마음속에 아쉬움이 남는 건 어쩔 수 없었다. 책은 왜 이리도 인기가 없는 걸까. 이런 이벤트나 행사 없이도 사람들이 쉽게 드나드는 곳이 되려면 무얼 해야 할까. 1년 차 책방지기의 패기로 이것저것 참 많이도 했지만 문턱 낮추기라는 숙제는 아직도 도전 과제다.

지금은 고인이 되신 시아버님이 책방을 하겠다던 나에게 이런 말을 해주신 적이 있다.

"혜미야. 사람들은 책을 좋은 것이라고 말하지만, 실제로는 책을 좋아하지 않는다. 그러니까 네 책방에 오는 사람들에게 책을 팔아서 돈을 벌어야겠다는 생각은 하지 말고, 네가 그 사람들에게 어떤 어떤 도움을 줄 수 있을지를 먼저 생각해라. 그러면 돈도 사람도 알아서 따라올 거야."

시간이 지나면 지날수록 그 말이 잊히지 않고 계속 떠오른다. 아버님은 다 알고 계셨던 것 같다. 내가 책방을 하면서 매번 고민하고 좌절하고 번뇌하게 되는 그 지점을 말이다. 아버님이 살아계셨다면 묻고 싶은 게 많은데 아쉬울 따름이다. 책을 좋아하지 않는 세상에서, 나는 어떻게 책으로 사람들을 도울 수 있을까? 과연 나는 답을 찾을 수 있을까?

책방지기의 자격

책방에 오시는 분들 중에 종종 나의 출신이나 이력을 궁금해 하는 분들이 있다.

"원래부터 책과 관련된 일을 하셨어요? 그게 아니면 어떻게 이런 책방을 차릴 생각을 하셨어요?"

이렇게 마치 인터뷰라도 하듯이 물어본다. 아마 카페나 편의점, 의류 매장이었다면 손님들이 사장에게 이런 질문을 하지는 않았을 것이다. 유독 자영업자 중 책방 사장에게만 이런 질문이 흔하게 건네진다. 사람들은 책방 사장에게 어떤 경력이나 특별한 자질이 있어야 한다고 생각하는 걸까? 심지어 예전에 방문했던 다른 책방의 주인도 내가 책방을 하고 있다고 하니 나의 자질을 심사하는 듯한 질문을 계속해서 쏟아낸 적이 있다. 처음엔 그냥 대답했는데 뒤로 갈수록 무슨 회사 면접 보는 기분이 들어서 기분이 좋지 않았다. 책방을 열기 전부터 서점 업계에 종사하셨다는 그분은 요즘 아무나 쉽게 책방을 차리고 쉽게 폐업하는 행태가 마음에 들지 않는다고 했다. 그래서 나에게도 그런 질문들을 한 것 같다. 과연 책방을 할 만한 사람인지 아닌지 알아보기 위해. 책방을 차리는 데 무슨 자격증이 필요한 것도 아니고, 책방을 창업하는 것도 폐업하는 것도 개인의 선택인데 왜 그런 시선을 보내는지 이해할 수 없었다. 어쨌든 이 일이 어떤 자격이 필요한 일이라면 그게 무엇인지, 책방을 6년 정도 운영해 온 사람으로서 매우 주관적인 책방지기의 덕목과 자질에 대해 나열해 보도록 하겠다.

① (너무나 당연하지만) 책을 좋아해야 한다

여기서 책을 좋아한다는 것은 책을 많이 읽는 다독가를 말하는 게 아니라 그냥 책 자체를 좋아하는 애서가를 말한다. 이미 말했지만 책 팔아서 돈 벌기 참 힘들다. 좋아하는 것도 일이 되는 순간 싫어질 수 있다. 더군다나 돈도 안 되는 일이라면 더더욱 그러하다. 그럼에도 불구하고 계속해서 책을 좋아할 수 있는 마음, 그게 책방지기로서 제1의 덕목이 아닐까 싶다.

② 혼자 있는 시간을 즐길 수 있어야 한다

대부분의 동네 책방은 손님이 마구 붐비지는 않는다. 혼자 책방을 지키는 시간이 꽤 많다. 혼자 있는 시간을 지루해하거나 힘들어하지 않아야 한다. 또한 동네 책방은 1인 가게가 많기 때문에 영업 시간 동안은 외출이 쉽지 않다. 난 돌아다니는 것도 좋아하지만 엉덩이 붙이고 있는 것도 즐기는 편이라 이 부분이 그다지 힘들지는 않았다. 그러나 계속 책방 안에만 있어야 하는 것이 가장 힘들다고 말하는 책방지기들도 있으니, 본인의 성향을 고려해 결정해 보길 바란다.

③ 어느 정도 대화의 기술이 필요하다

동네 책방을 찾아오시는 분들 중에 책방지기와 이야기를 나누고 싶어 하는 분들도 꽤 있고, 책 추천을 요청하시는 분은 더 많다. (가끔은 한 시간 이상씩 붙잡고 얘기하시는 분들도 있다는 사실에 놀라지 마시길.) 그럴 때 친근하게 이야기를 나눠주거나 추천할 책을 설명해 줄 정도의 대화의 기술은 있어야 할 것 같다. 또 책방 안에서 독서 모임이나 북토크 등을 진행해야 할 경우도 생기기 때문에 부끄러움이나 낯가림은 잠시 접어두어야 한다. 처음엔 모임 진행하는 것도 어색했던 나였는데, 이젠 어느새 진행병이 생겼다. 자꾸 뭔가 이야기를 주도하고 싶어진달까. 책방에서 책 이야기를 하는 순간만큼은 내가 유재석이고 오은영이다. 재치 있고 친근한 대화법으로 적절한 책을 신뢰감 있게 추천해 줄 수 있다면 어떤 손님이 와도 두렵지 않을 것이다.

④ 사람을 좋아해야 한다

동네 책방이 인터넷 서점이나 대형 서점과 가장 다른 점은 책 이외에도 사람과 사람 사이에 무언가가 오가는 공간이라는 것이다. 가까워서, 책을 직접 보고 살 수 있어서, 아기자기해서 등등 동네 책방을 이용하는 이유는 여러 가지가 있겠지만, 무엇보다 사람 냄새가 나는 곳이라는 이유가 가장 크지 않을까 싶다. 단순히 책을 사기만 하는 곳이 아니라, 책을 샀더니 좋은 사람들을 알게 되는 그런 곳. 여기서 '좋은 사람'이란 책방지기가 될 수도 있고, 책방 모임에서 만난 누군가가 될 수도 있다. 그러기에 책방지기는 기본적으로 사람을 좋아해야 한다고 생각한다. 처음 본 손님도 반갑게 맞이할 수 친화력과 재방

문한 손님을 알아볼 수 있는 기억력까지 겸비하면 금상첨화다. 그리고 책방 창업을 하기 전부터 동네 모임, 취미 모임, 온라인 모임 등 다양한 인맥을 쌓아두는 것도 좋다. 지인들한테 책을 팔라는 말이 아니다. 입소문만큼 좋은 홍보 방법이 없는데 인간관계가 넓으면 이 부분에서 많은 도움을 받게 된다. 동네에 아는 사람이 손가락으로 셀 수 있을 정도밖에 안 되던 나는 동네 책방을 열면서 이 부분이 두고두고 아쉬웠다.

⑤ 없던 창의성과 추진력도 만들어내야 한다

북 큐레이션 하나만으로 승부하는 책방도 있겠지만, 대부분의 동네 책방은 모임이나 프로그램, 행사, 이벤트 등으로 손님들을 모으고 있다. 동네 책방은 모임 하기 참 좋은 곳이고, 꼭 책과 관련된 것이 아니라도 이것저것 해볼 수 있는 것이 많은 공간이다. 그러니 책방지기는 창의성을 발휘하여 꾸준히 새로운 모임과 프로그램을 기획해야 한다. 여기서 중요한 것은 기획에서 끝나면 안 되고, 실행에 옮길 수 있는 추진력이 꼭 필요하다는 것이다. 동네 책방은 뭐든지 할 수 있는 공간이자, 계속 뭐라도 해야 하는 공간이다. 책만 진열해 놓는다고 책이 팔리는 시대가 아니니 말이다. 간혹 책방지기들이 아무것도 안 하고 책방에서 종일 책만 본다고 오해하시는 분들이 있는데, 모든 동네 책방 주인들은 오늘도 무언가 새로운 것을 생각하고 있다.

"이 일을 계속하면 치매는 안 걸릴 것 같아."

내가 종종 농담처럼 하는 말이다. 그만큼 계속해서 머리를 굴려야 한다는 뜻이다.

⑥ 문서와 친해져야 한다

책방은 생각보다 문서 작업이 필요한 일이 많다. 기본적으로 책방의 도서 재고 리스트는 정리되어 있어야 업무가 수월하다. 그 외에 모임이나 프로그램을 진행할 때도 공지글을 올려야 하고, 모여서 함께 나눠볼 프린트물을 제작해야 할 때도 있다. 요즘 시대엔 포스터나 카드뉴스를 만드는 것에도 익숙해져야 한다. 책방지기가 다루는 문서의 최고봉은 지자체나 공공기관에서 진행하는 지원 사업을 신청할 때 마주하게 된다. 지원 신청서부터 시작해 선정이 되고 난 이후에도 사업 결과 보고서, 정산 보고서 등이 우리를 기다리고 있다. 어떤 책방지기는 이런 문서 작업이 싫어서 지원 사업 자체를 하지 않는다고도 할 정도다. 그러고 보니 나 역시 회사 다닐 때보다 더 많은 문서를 작성하고 있는 중이다.

⑦ 사업가 마인드와 존버 정신은 필수

책방은 돈을 벌기 힘든 구조이기 때문에 더더욱 사업가 마인드가 필요하다. 원래 돈을 못 버는 구조라고 손 놓고 있기보다는 어떻게든 돈을 벌 수 있도록 다방면으로 노력해야 한다. 많은 수의 책방들이 개업하고 2년(임대 계약이 끝나는 시점)을 못 넘기고 폐업한다. 책방 문을 닫고 싶지 않다면 사업가 마인드로 무장하여 어떻게든 수익을 창출해 내던가, 그도 안 되면 존버 정신으로 무조건 버텨야 한다. 뻔뻔하게 이런 말을 하고 있지만 사실 나도 사업가 마인드가 한참은 부족하다. 그래도 버티는 거 하나는 꽤 자신있다.

열심히 나열해 봤지만 사실 다 뻔한 얘기들이다. 어느 직업이든 모두 저마다의 고충이 있고, 남의 돈을 버는 건 참 쉽지 않다. 책방을 차린 사람을 특별하게 여길 일도 아니고, 내가 책방을 열었다고 잘난 척할 것도 없다. 그냥 그 일이 하고 싶으면 하는 거다. 책방지기가 다른 일을 하는 사람들보다 더 지식이 많거나, 교양적이라거나, 양심적이거나 하지도 않다. 그래서 나는 누군가 '나도 책방지기가 되고 싶다'고 말하면 기꺼이 해보라고 한다. 그 마음만으로도 이미 자격은 충분하니까. 물론 나 역시도 '내가 과연 책방을 운영할 능력이 있을까?'라고 고민하지 않았다면 거짓말일 것이다. 해보니 알겠다. 그냥 하고 싶은 마음, 그것보다 더 중요한 덕목이나 자질 같은 건 없다.

진짜 공부, 배우는 즐거움

책방을 준비하는 과정에서 꽤 많은 수업을 들었다. 곰곰이 생각해 보니 대학을 졸업한 이후에 내가 무언가를 이렇게 적극적으로 공부하고 배웠던 적이 있었나 싶다. 수영이나 스쿼시 같은 운동을 배웠던 걸 제외하면 매년 연례행사처럼 몇 달 다니다 말다를 반복했던 영어 학원이 전부인 듯하다. 재미있는 건 영어 학원을 새로 등록할 때마다 항상 기초반이었다는 거다. 기초반 몇 달 다니다 리셋 되고, 다시 기초반, 또다시 기초반……. 무슨 기초반 괴담도 아니고 나의 영어 실력은 항상 제자리였다. 영어를 배우는 것이 재미있었던 적도 없고, 영어를 못해도 회사를 다니거나 일상생활을 하는 데 별 지장이 없으니 금세 포기하게 되었던 것 같다. 그러다 해외여행 한 번 다녀오면 또다시 이번엔 정말 제대로 영어를 배워야겠다는 생각이 올라오지만 말이다.

그 흔한 토익 시험도 한 번 안 보고, 자격증 하나 따놓은 것 없이 살아오던 내가 30대 중반이 되어서야 스스로 공부를 하기 시작했다. 책방 운영의 기본을 익히기 위해 자영업 입문스쿨과 경기 서점학교를 수료했고, 그림책에 대해 제대로 알기 위해 군포시 평생학습원에서 그림책 학교 강의를 들었다. 또 책방에서 아이들 클래스를 열 때 도움이 될 것 같아 창의 책놀이 지도사, 아동 독서 지도사, 동화 구연 전문가 과정도 들으며 자격증을 취득했다. 손님들께 예쁜 손 글씨를 선물하고 싶은 마음에 캘리그라피까지 배웠지만 아쉽게도 손재주가 없던 나에겐 무리였다. 사정상 끝까지 마치지 못한 수업들도 있었지만 책방 오픈 전까지 정말 열심히 공부했다.

책방을 창업한 이후에도 배우고 싶은 건 많았다. 특히 그림책 테라피에 대한 관심이 커져서 그림책 심리 코칭, 그림책 하브루타 등 그림책으로 마음을 나누는 모임에 도움이 될 만한 수업들을 찾아 듣기 시작했다. 1인 자영업자라서 수업을 들으러 가려면 책방 문을 닫아야 했지만, 그때는 몇 시간 책방 영업을 더 하는 것보다 그림책에 대한 역량을 키우는 게 우선이었다. 수업을 통해 배운 내용을 바로바로 책방에서 활용해 볼 수 있으니 배웠던 것들이 사라지지 않고 점점 내 것으로 쌓인다는 느낌이 들었다. 재미있었다.

지금껏 해왔던 공부는 대학을 가기 위해, 취업을 하기 위해, 그저 그런 관문들을 통과하기 위한 도구였을 뿐 실제 생활에서는 크게 도움이 되거나 필요하다는 생각이 안 들었다. 그런데 지금은 배우고 실제로 활용하고 다른 사람과 나누기까지 하니 어찌 좋지 아니한가. '30대 이후에 하는 공부가 진짜 공부'라는 말이 실감되었다. 계속해서 그림책 큐레이터, 그림책 문해력 지도사, 엄마 표 영어 그림책 수업 등 그림책과 관련된 지식들을 차곡차곡 채워가며 나 스스로 '그림책 전문 책방의 대표'라는 타이틀이 부끄럽지 않고자 노력했다.

책방인으로서 불타는 사명감 같은 것은 없지만, 그래도 내가 책방을 하는 동안 꼭 수행해야 할 과업이자 의무라고 생각하는 것은 있다. 그건 그림책에 대한 인식을 바꾸는 노력이다. 예전의 내가 그랬던 것처럼, 그림책이 단순히 아이들이 보는 책이라는 오해를 풀고 모든 세대가 즐길 수 있는 독자적인 문화예술의 한 장르라는 것을 알리는 일이다. 그러기 위해서는 내가 먼저 그림책에 대해 잘 배워서 아직 그림책을 잘 모르는 이들에게 알려줘야 한다. 그래야 그림책 시장이 지금보다 더 커지고, 내가 운영하는 이곳도 더 이상 "여긴 애들 책만 파나 봐요?"라는 소리를 듣지 않을 테니까.

그런데 책방 안에서만 떠드는 것은 한계가 있었다. 더 많은 사람들을 만나기 위해 도서관이나 기관에서 활동할 수 있는 강사 자격을 취득했다. 그러고는 곧바로 이곳저곳에 강사 지원서와 강의 계획안을 돌렸다. 강사 자격반 동기였던 한 분은 나의 이런 실행력에 좀 놀라는 눈치였다. 자신은 좀 더 나중에 천천히 해봐야겠다고, 아직은 준비가 안 된 것 같다고 말했다. 물론 천천히도 좋고, 준비를 더 탄탄히 하는 것도 좋다. 다만 나에게는 망설일 시간이 없었다. 자영업자에게 꼬박꼬박 내야 하는 상가 월세는 스스로를 움직이게 하는 힘이 되어주기도 한다. 하루라도 빨리 이 과업을 수행해야 내가 책방을 오래도록 운영할 수 있다. 또 이런 말도 있지 않은가. 아끼다 '뭐' 된다고. 배운 건 바로바로 써먹어야 사라지지 않는다. 강의를 해본 사람은 알 것이다. 본인이 수업을 들을 때보다 다른 사람에게 수업을 할 때 더 많이 공부해야 한다는 것을. 아무튼 그런 노력에 운이 따라줬는지 책방 운영 3년 차 때부터 도서관에 나가 강의를 하게 되었다.

    강사가 된 지금도 배움은 멈추지 않는다. 무언가를 가르치는 사람은 멈춰있으면 안 된다. 스스로 계속 성장해야만 다른 사람의 성장도 도울 수 있다. 그래서 나는 지금도 배우는 사람으로 살고 있다. 문득 '배우는 즐거움을 고등학교 때 알았다면 어땠을까?'라는 생각이 든다. 인생이 좀 더 잘 풀렸으려나. 뭐, 지금이라도 알게 된 게 어딘가. 인생은 길고, 배울 건 많다.

몽상가이거나 이상주의자, 혹은 멍청이

　책방지기라고 하면 뭔가 우아하고 지적인 느낌이 들지만, 현실의 책방지기는 그저 물건을 파는 자영업자다. 그 물건이 책이고 문화 활동일 뿐이지 과일 가게나 옷 가게, 편의점, 카페 등과 크게 다를 것 없다. 다른 책방 사장님은 이렇게도 말했다. 책방지기란 쓸데없이 고귀한 취급을 받는 자영업자라고 말이다. 그 고귀함이란 '돈을 못 버는 일을 한다'라는 전제에서 나온 찬사일 것이다. 돈 못 버는 자영업은 상식적으로 안 하는 게 맞는데, 어쩌면 책방지기들은 다들 몽상가이거나 이상주의자, 혹은 멍청이일지도 모른다.

　어쨌든 나는 정말 자영업자가 되고 싶지 않았다. 우리 부모님이 30년 동안 옷 가게를 운영해 온 자영업자였기 때문에 나는 자영업이 어떤 것인지 어려서부터 성인이 된 이후까지 계속 보고 자랐다. 내가 본 자영업자는 이랬다. 쉬는 날도 거의 없이 아침부터 밤늦도록 일하고, 밥도 편하게 먹지 못하는 일, 무례한 손님들을 상대해야 하는 일, 그럼에도 불구하고 살림살이가 크게 나아지지 않는 일 말이다. 그래서 나는 결혼 상대의 가장 1순위 조건이 회사원이었다. 남들 쉴 때 쉬고, 다달이 일정한 수입이 보장되는 평범한 회사원과 결혼하고 싶은 게 나의 꿈일 만큼 나는 자영업자만은 되고 싶지 않았다.

우리 부모님은 아침 열 시에 가게 문을 열어 밤 열 시에 문을 닫았고, 아빠는 일주일에 두세 번은 동대문 새벽시장에 나가 옷을 사왔다. 커다란 옷 꾸러미를 등에 짊어지고 몇십 년 동안 새벽 시장을 누비다 보니 무릎 연골이 다 닳았고, 세 번이나 무릎 수술을 받아야만 했다. 그래서 아빠는 지금 내가 무거운 책을 옮기는 모습만 봐도 마음이 아프다고 한다. 아마 그때 그 시절 자신의 고된 삶이 떠올랐으리라. 딸은 나와 같은 고생을 하지 않았으면 해서 편하게 살라고 대학까지 보내놨더니 잘 다니던 회사 관두고 자영업을 하고 있는 딸을 보고 있는 부모님의 마음은 조금 복잡한 것 같다.

자영업이란 게 손님이 많을 때도 있고 없을 때도 있는데, 희한하게도 손님이 없다가도 밥 한 술 뜨려고 하면 손님이 온다. 그래서 네 식구가 다 같이 식사하는 날은 드물었고, 엄마와 아빠는 교대로 식사를 하시곤 했다. 가끔 손님들이 내게 '식사 시간이 따로 있느냐, 점심은 어떻게 드시냐' 물어볼 때가 있다. 이게 좋은 건지 나쁜 건지 나는 책방에서 밥을 먹을 때도 손님이 거의 안 온다. 그래서 편하게 밥을 먹는 웃픈 자영업자다.

사실 그 무엇보다 자영업을 기피했던 건 소위 진상이라고 부르는 무례한 손님들 때문이다. '손님이 왕'이라는 말은 누가 만들었을까. 손님에게 친절해야 하는 건 맞지만, 그렇다고 자영업자들이 함부로 대해도 괜찮은 사람이라는 건 아니다. 한번은 이런 일이 있었다. 커플이 옷을 사러 왔는데 남자친구가 여자친구에게 옷을 선물해 주기로 한 것 같았다. 여자분이 옷 두 벌을 놓고 한참을 고민하고 있는 모습을 보고 엄마가 "싸게 줄 테니 두 벌 다 사세요"라고 말을 건넸다. 그 순간 갑자기 남자가 엄마에게 버럭 소리를 질렀다.

"이 아줌마가 어디서 사기를 쳐! 뭘 싸게 준다고 수작질이야!"

옷 파는 사람이 옷 좀 사 가라고 한 게 뭐가 그리 큰 잘못이었을까. 엄마에게 욕을 하며 화를 내는 남자를 보고 나도 화가 치밀어 올랐지만 여자친구가 말리는 모습을 보고 겨우 참았다. 둘 중에 하나를 고르기 어려워하니 할인을 해주겠다는 건데, 대체 왜 애꿎은 부모님께 화풀이를 했던 걸까. 또 이런 일도 있었다. 가끔씩 부모님이 바쁠 때는 나도 가게 일을 봐주고는 했는데, 한 여자분이 옷을 사러 왔길래 "편하게 구경하시고 필요한 거 있으시면 말씀해 주세요"라고 말하고 옆에 서 있었다. 그러다 흘러나오는 음악을 그냥 나도 모르게 흥얼거리고 있었는데, 옷을 훑어보던 여자가 갑자기 나를 쳐다보며 이렇게 말했다.

"장사하기 싫으면 그냥 하지 마세요!"

그 한마디를 남기고 쌩하니 가버린 여자. 노래를 흥얼거린 게 옷을 고르는 데 방해가 됐던 걸까, 아니면 내가 더 적극적으로 접객을 했어야 했던 걸까. 아직도 그분이 왜 화를 내고 가게를 박차고 나가버렸는지 알 수가 없다. 내가 겪은 일만 해도 수두룩한데 우리 부모님은 30년 동안 어떤 일을 겪어 오셨을까. 아마 내가 모르는 더 심한 일들도 많았을 것이다.

그렇게 성실하게 열심히 살았음에도 기막힌 일들이 생길

때가 있었다. 권리금을 1억 가까이 주고 들어간 목이 좋은 자리였는데, 주인이 건물을 통째로 다른 사람에게 팔았다며 가게를 비우라고 했다. 이대로 나가면 권리금은 회수할 수 없는데 그걸 알고도 건물주는 그런 결정을 했다. 권리금이라는 것이 원래 법적으로 보호받을 수 없는 돈이라서 결국 우리 부모님은 피 같은 1억을 날리고 말았다. 그 이후 부모님이 장사를 하던 그 건물에는 패밀리 레스토랑이 들어왔다. 그곳에서 맛있게 식사를 하는 사람들은 아마 모를 것이다. 그 자리에 어느 힘없는 자영업자의 서글픈 사연이 깃들어있다는 것을.

자영업만은 정말 하고 싶지 않았는데, 나는 왜 자영업을 하고 있는 걸까. 나도 날 잘 모르겠다. 결국 다 책 때문이다. 잘 팔리지도 않고 돈도 안 되는 데도 한 사람의 인생을 홀려버리는 책이란 존재. 그래, 난 그냥 뭔가에 홀렸나 보다.

어쩌다 이렇게 자영업자의 길로 들어섰지만 워라밸만은 지키기로 마음먹었다. 일주일에 하루 정도만 저녁 여덟 시까지 일하고, 나머지 요일은 오후 대여섯 시쯤 책방 문을 닫는다. 저녁이 있는 삶이라기보단, 저녁밥을 하러 가야 하는 엄마로서의 삶도 지켜내야 하니까. 주말 근무는 한 달에 두 번만 하고 다 쉰다. 공휴일도 쉰다. 사실 주말에 책방 문을 여는 게 매출에는 더 도움이 되겠지만, 아직 어린아이들을 위해 주말은 되도록 가족과 함께하기로 했다.

아마 어떤 사람이 봤을 때는 '저 책방은 도대체 영업을 하는 거야 안 하는 거야?'라고 느낄지도 모르겠다. 그럼에도 아이를 키우며 자영업을 하는 나에겐 삶의 균형을 잡는 최선의 선택이었다. 물론 고정적으로 월급이 나오는 직장에 다니는 남편이 있었기에 가능한 일이기도 했다.

다행히도 책방 손님들 중에는 부모님의 옷 가게 손님들처럼 날 힘들게 하는 분들은 거의 만나보기 어렵다. 책방 손님이 적어서 그럴 수도 있지만, 이 부분은 정말 다행이라고 생각한다. 모든 스트레스 중에 가장 최악은 인간관계에서 오는 스트레스이니 말이다. 매일 같이 감정 노동을 해야 하는 일이라면 더 버티지 못하고 진작 책방 문을 닫았을지도 모른다. 나 역시 자영업을 시작하면서 주위 상점이나 식당 등을 방문할 때의 마음가짐이 좀 달라졌다. 우리는 왕과 신하도, 갑과 을도 아닌 이웃이다. 서로가 서로에게 도움을 주고받으며 살아가는 이웃. 그러니 우리는 예의를 갖춰야 한다. 미소를 머금은 얼굴로, 서로가 서로에게.

책방지기의 인생 그림책은

 살면서 한 번쯤은 '당신의 인생 책은 무엇인가요?'라는 질문을 받아본 적 있을 것이다. 왠지 이런 질문을 받으면 좀 있어 보이는 책을 언급해야만 할 것 같아 쉽게 답을 하지 못했던 기억이 난다. 이제 그림책방의 책방지기가 되고 나니 '당신의 인생 그림책은 무엇인가요?'라는 질문을 종종 받는다. 인생 그림책이라……. '인생 그림책'의 정의가 한 사람의 인생을 완전히 바꿔놓을 만한 대단한 그림책이라고 한다면 여전히 답하기는 좀 힘들 것 같다. 다만 나의 삶을 투영하는, 나의 가치관을 좀 더 명확하게 해준 그림책이라고 한다면 생각나는 책들이 꽤 있다.

『미스 럼피우스』를 만난 건 책방을 오픈한 지 며칠 되지 않았을 때였다. 표지의 그림이 아름다워 눈길을 끌었던 책이다. 『미스 럼피우스』는 할아버지의 말씀에 따라 세상을 좀 더 아름답게 만들려는 소녀가 성장해 나가는 이야기다. 도서관에서 사서로 일하던 주인공 앨리스는 할아버지와의 약속을 지키기 위해 세계를 여행하고, 바닷가에 자신이 살 집을 마련하고, 세상을 아름답게 만드는 일에 대해 고민한다. 그녀의 이야기를 따라가며 처음에는 '나도 도서관 사서가 되고 싶었는데', '나도 세계 여행을 하고 싶었는데'라고 생각하며 그저 부럽다는 마음이 가득했다. 내가 하고 싶었던 걸 다 이룬 워너비 같았다. 역시 원하는 걸 다 하고 살려면 싱글로 남았어야 했나 하는 웃픈 감상평까지 더했다.

하지만 이 책의 진짜 이야기는 뒷부분에 있었다. 노년의 몸으로 여름 내내 동네 이곳저곳을 누비며 꽃씨를 뿌린 그녀. 그 행동의 결과물은 진정으로 아름다웠다. 세상을 아름답게 하는 일, 뭔가 거창하게 느껴지는 그 일이 사실은 그렇게 어려운 것이 아니라는 걸 그녀가 알려주었다. 가슴이 두근거렸다. 내가 왜 예전부터 책방을 하고 싶었는지, 나조차도 명확하게 설명할 수 없었던 그 이유를 알려주고 있었기 때문이다. 단순히

'책을 좋아해서', '책이 있는 공간이 좋아서'라는 말로는 다 담을 수 없었던 그 이유 말이다.

어릴 적 우연히 인명사전을 보게 되었는데, 나도 나중에 이런 곳에 이름이 올라갈 수 있는 사람이 되고 싶단 생각을 했었다. 그건 그저 유명해지고 싶다는 것이 아니라 살면서 작은 것이라도 이 세상에 보탬이 되는 사람으로 살다가 가고 싶단 바람이었다. 그 바람은 나이가 들수록 점점 쪼그라들어 잊혀지고, 어느새 '연봉이나 올랐으면 좋겠다'고 생각하는 그저 그런 어른이 되어버렸지 뭐냐. 그런데 책방지기가 된 후 다시 그때의 바람이 되살아났다. 나는 지금 이 공간을 통해 세상을(적어도 우리 동네를) 아름답게 하는 일을 하고 있다. 남들이 뭐라 하든 나는 그렇게 믿는다. 우리 동네에 책방이 있는지조차 모르는 사람이 대부분이라 할지라도, 책방 손님들에게 만큼은 동네에 책방이 있어서 행복하다고 느끼게 해주고 싶다.

없어도 사는데 큰 지장은 없지만, 있으면 삶을 좀 더 풍요롭게 만들어 주는 공간이 책방이라고 생각한다. 그런 나의 마음이 전해졌는지 실제로 책 모임에 참여했던 한 분의 입을 통해 내가 너무나도 듣고 싶었던 말을 들은 적이 있다.

"우리 동네 전체를 통틀어서 지금 여기가 가장 아름다운 곳이라고 생각해요. 인테리어 같은 걸 말하는 게 아니라 그냥 공간 그 자체로요."

『미스 럼피우스』를 만나지 못했다면 지금도 내 책방의 존재 이유를 찾아 헤매고 있지 않았을까. 그만두고 싶어지는 순간에 쉽게 포기하지 않았을까. 그림책에 늦게 입문한 내가 수많은 책들 중에 이 책을 빨리 만나게 된 것이 얼마나 다행인지 모른다.

그로부터 한 달 뒤쯤 또 하나의 인생 그림책을 만났으니, 그건 『샘과 데이브가 땅을 팠어요』다. 앞에서도 얘기했듯 책방의 매출은 생각보다도 더 낮았고, 그나마 겨우 번 돈마저 책방 월세로 내고 나니 조바심이 올라왔다.

'내가 지금 잘하고 있는 짓인가? 이게 맞는 길인가? 이러다 정말 망하는 거 아니야?'

마음이 요동치고 불안해졌다. 그때 샘과 데이브를 만났다. 이 두 친구는 '어마어마하게 멋진 것'을 찾아낼 때까지 땅을 파기로 했다. 하지만 안타깝게도 둘은 땅속에 묻힌 보석을 번번이 빗겨나가며 아무것도 찾지 못한다. 그들의 모습에서 내가 보였다. 안정적인 연봉도 피해 가고, 승진의 명예도 피해

가고, 마이너스 통장만 얻은 지금의 내가 보였다. 그냥 계속 회사를 다녔다면 이런 걱정 안 해도 됐을 텐데……. 남들이 보면 정말 삽질하고 있다고 생각할 게 분명하다. 땅을 다 헤집고도 결국 아무것도 발견하지 못한 채 돌아온 샘과 데이브, 그런데 이 녀석들이 이렇게 말하는 것이 아닌가.

"정말 어마어마하게 멋졌어!"

뭐지? 뒤통수를 세게 얻어맞은 기분이었다. 그러고 보니 그들은 처음부터 '어마어마하게 멋진 것'이 보석이라고 말한 적이 없었다. 나는 왜 당연히 보석이라고 생각했을까? 그렇다면 나에게 '어마어마하게 멋진 것'은 과연 무엇일까? 분명 돈은 아니었다. 내가 아무리 세상 물정을 몰라도 돈이 목적이었다면 책방을 열진 않았을 것이다. 나는 분명 다른 것을 찾으러 회사 밖으로 나왔다. 그러니 지금 내가 할 일은 그게 무엇이 됐든 끝을 볼 때까지 열심히 삽질을 하는 것이다. 그러다 결국 빈손으로 이 책방의 문을 닫게 될 수도 있지만, 그때 나도 그들처럼 "어마어마하게 멋졌어!"라고 말할 수 있기를 소망한다.

이 책은 여기서 끝이 아니다. 제자리로 돌아온 듯 보이지만 자세히 보면 땅을 파기 전과 많은 것이 달라져 있다는 걸 알아차리게 된 순간 소름이 돋았다. 남들에겐 그저 삽질 같아 보이는 일, 무의미하고 실패로 인식되는 일일지라도 경험을 하고 안 하고는 천지 차이다. 모든 경험은 사람을 변화시킨다.

『미스 럼피우스』가 책방을 하는 이유를 각인시켜 줬다면, 『샘과 데이브가 땅을 팠어요』는 실패를 두려워하지 않게 해줬다. 조바심 내지 말자. 나는 지금 어마어마하게 멋진 것을 찾는 여정의 시작점에 서 있을 뿐이다. 책방이 망해도 내가 망하는 건 아니다. 빈손으로 돌아오게 되더라도 나의 세계는 더 멋지게 달라져 있을 것이다. 세상에 가치 없는 경험은 없다.

참 놀랍지 않은가, 그림책이 나에게 건넨 말들이. 그저 그림책을 읽었을 뿐인데 나도 몰랐던 내 안의 이야기들이 밖으로 흘러나온다. 어떤 한 문장이, 한 페이지의 그림이 예고도 없이 마음을 툭 건드려서는 무의식 속에 잠들어 있던 감정과 생각들을 건져 올린다. '내가 원래 이런 사람이었구나' 깨닫게 해준다. 그러니 인생 그림책을 만나는 즐거움은 그 어느 것과도 비교할 수가 없다. 내가 자꾸 어른들에게 그림책을 읽으라고 하는 이유가 이것이다. 좋은 건 나눠야 하니까. 나 스스로를 더 잘 알고 싶다면, 내 삶의 가치관을 들여다보고 싶다면, 지금 이 순간 위로와 응원이 필요하다면 그림책을 읽어보시길.

내 생애 첫 출장

　나의 직장인 시절 로망은 출장을 가는 것이었다. 해외 출장이라면 더욱 좋겠지만 당일치기 지방 출장이라도 가보고 싶었다. 누군가는 별게 다 로망이라고 얘기할 수 있지만, 회사 생활 14년 동안 출장은커녕 외근 한 번 못 나가보고 종일 사무실 책상과 회의실만 오가던 나에게는 출장이라는 단어가 왠지 설렘으로 다가왔다. 회사 돈으로 근무 시간에 회사가 아닌 저 멀리 어딘가로 떠날 수 있다니. 오죽하면 남편이 지방으로 출장 갈 때 "나도 갈래!"를 외치며 연차 쓰고 따라간 적도 있다. 남편이 일하는 동안 나는 홀로 맛집도 가고, 관광지 구경도 하며 출장 간접 체험(?)을 즐겼다. 이토록 출장 가는 날만 기다렸건만, 아쉽게도 퇴사할 때까지 그런 기회는 오지 않았다.

그런데 직장인 시절에도 못 가본 출장을 책방지기가 되고 나서 처음 가게 되었다. 선정된 지원 사업 중 하나에서 사업 시작 전에 워크숍을 진행한다며 다들 대전으로 모여 달라는 것이 아닌가. 남편 출장 따라 놀러갔던 대전에 진짜로 출장을 가게 되다니……. 특히나 엄마가 된 이후에는 나 혼자 어디 멀리 나가본 적이 없었기에 출장의 기쁨은 더욱 컸다. 물론 내돈내산으로 떠나는 출장이었지만 전혀 억울하지 않았다. 일부러 더 비싼 프리미엄 고속버스를 예매했다. 아, 고속버스가 이렇게 좋을 일인지. 거의 누워서 갈 수도 있고 프라이버시 보호를 위한 개별 커튼도 설치되어 있으며 모니터는 기본이고 무선충전기까지 있었다. 비행기 퍼스트클래스 부럽지 않았다.

워크숍은 오후 두 시부터 시작이었지만 아침 일찍 출발했다. 이왕 대전까지 가는 김에 그동안 눈여겨보았던 동네 책방 몇 군데를 돌아볼 생각이었다. 이건 절대 노는 게 아니다. 엄연히 책방지기로서 다른 책방을 탐방하며 벤치마킹하는 업무의 연장선이다. 그럼, 그렇고 말고. 시간이 그리 많지는 않았지만 욕심을 내서 책방 세 군데를 돌아보고 한 아름 책도 산 뒤에 워크숍 장소로 향했다. 그곳에서 지원 사업을 함께 할 그림책 작가분들도 만나고, 전국에서 모인 다른 지역의 책방지기들도 만나게 되었다. 대부분 나보다 더 오래 책방을 운영하신 분들이었는데, 내가 명함을 드리며 자기소개를 하자 몇몇 분들이 우리 책방을 알고 있다며 반갑게 인사해 주셨다. 나도 이제 정말 '동네 책방'이라는 생태계의 일원이 된 건가? 아무도 우리 책방의 존재를 모를 줄 알았는데, 순간 묘한 감정이 들었다.

그러고 보니 회사 다닐 때는 명함이 한가득 있어도 딱히 나눠줄 사람이 없어서 그대로 쌓아놨다가 이직을 하거나 진급을 할 때마다 다시 발급된 새 명함 뭉치를 받아들고는 예전 명함을 어디다가 버려야 하나 고민하곤 했었다. 지금은 나름 대표라고 명함이 그 쓰임을 다하고 있는 상황도 꽤 재미있게 느껴졌다. 출장도 가고, 명함도 뿌리고, 대표님 소리도 듣고. 책방을 열었더니 출세 아닌 출세를 했다.

그림책 낭독과 함께 워크숍이 시작되었고, 이어서 이번 지원 사업에 대한 구체적인 설명을 들었다. 마지막으로 그날의 하이라이트라고 할 수 있는 그림책 작가와 책방의 매칭 시간이 이어졌다. 책방지기들이 작가의 이름이 아닌 키워드만 보고 선택을 하면 매칭이 되는 방식이었는데, 우리 책방에 오시게 된 작가님은 다름 아닌 『솔이의 추석 이야기』로 유명한 이억배 작가님이셨다. 『솔이의 추석 이야기』는 초등학교 국어 교과서에도 수록되어 있어서, 출간된 지 30년 가까이 된 지금도 여전히 초등학생 필독서로 사랑받고 있는 그림책이다. 우리나라를 대표하는 그림책 작가인데, 나 같은 햇병아리 책방지기는 감히 함께할 생각조차 못 해본 분인데……. 정말 운이 좋았다. 이번 출장의 가장 큰 성과였다. 와, 나 정말 출세했다.

  나의 생애 첫 출장은 이렇게 완벽하게 즐거웠고, 또한 성공적이었다. 사실 워크숍이 끝나고 함께 저녁 식사를 하며 그날의 분위기를 더 즐기고 싶었지만 집에서 기다리는 아이를 위해 이제 그만 엄마의 역할로 돌아가기로 했다. 대전 가면 꼭 사와야 하는 성심당 빵까지 야무지게 사들고 집으로 향했다.

  그날 이후 자주는 아니어도 일 년에 몇 번은 출장을 간다. 그리고 여전히 출장은 나를 설레게 한다. 비록 신데렐라 엄마여서 당일치기에 만족해야 하지만 계속해서 또 다른 꿈이 생기고 있다. 언젠가는 2박 3일 제주도 출장도 가봐야지. 또 언젠가는 세계 최대 규모의 아동문학 도서전이 열리는 볼로냐로 5박 6일 출장도 가봐야지. 그때 되면 또 이렇게 말할 거다.

  "나 완전 제대로 출세했네!"

신청 마감되었습니다

그동안 작가와의 만남이든, 책 모임이든 '모객'은 항상 나에게 가장 어려운 숙제였다. 매번 참여자가 많지 않아 속앓이를 하다가 결국 소규모로 진행되거나, 그마저도 모이지 않으면 아예 취소하게 된 적도 여럿 있었다. 날짜나 시간 선정을 잘못한 걸까, 책방의 위치가 문제인 걸까, 그도 아니면 그냥 사람들이 우리 책방에 대해 관심이 없는 걸까……. 참여자 모집이 잘 안될 때마다 매번 이런 생각들이 나를 괴롭혔고, 시간이 지날수록 책 모임이나 문화 행사를 주최하는 것에 대한 자신감도 떨어졌다.

그런데 이억배 작가님의 힘은 역시 강했다. 한 달 동안 책방에서 이억배 작가님의 그림책 아트 프린팅 전시가 진행되고, 그 사이사이 갤러리 토크, 활동가 워크숍, 작가와의 만남이 준비되어 있었다. 혹시라도 또 모객이 잘 안되면 어쩌나 걱정스러운 마음으로 행사 공지를 올리고 신청이 들어오기를 기다렸다. 결과는…… 이럴 수가, 모든 프로그램이 최대 참여 가능한 인원수를 꽉 채웠고, 심지어 대기 신청까지 들어왔다.

'신청 마감되었습니다.'

나도 드디어 이런 문장을 사용할 수 있게 된 것이다. 물론 무료 행사였기 때문에 그랬을 수도 있다. 그렇지만 참가비가 무료라고 무조건 사람들이 오는 건 아니다. 어쨌든 모객은 성공했다. 책방지기가 되고 나서 처음 느껴보는 이 짜릿한 맛. 이제 걱정은 내려놓고 행사들을 잘 치러내기만 하면 된다.

그런데 메인 행사라고 할 수 있는 작가와의 만남이 있는 날, 초강력 태풍 링링이 북상한다는 소식이 들려왔다. 참여자의 절반 이상이 아이들이었기에 무엇보다 안전이 우려되는 상황이었다. 전날까지도 행사를 연기해야 할지, 취소해야 할지 고민에 고민을 거듭했다. 작가님과 논의한 끝에 일정대로 행사를 진행하기로 결정했지만, 상황이 상황이니만큼 불참자가 많아지는 것은 감수해야만 했다. 어쩐지 일이 너무 술술 풀리더라니. 그런데 놀랍게도 거센 바람을 뚫고 신청자 전원이 책방으로 모였다. 20평 책방 안에 30명이 넘는 사람들이 둘러앉았다. 의자가 모자라서 바닥에 돗자리를 깔고 앉을 정도였다. 태풍도 막지 못한 이억배 작가님의 인기 덕분에 그날 행사는 잘 마무리되었고, 책방 오픈 이후 최대 매출을 기록했다. 작가님은 그날 사인만 한 시간 넘게 하느냐고 막판에는 손까지 떨릴 정도였으니, 그야말로 서로에게 잊지 못할 날이었다.

그렇게 한 달간의 행사가 마무리되었고, 큰 행사를 잘 치러낸 뿌듯함도 있었지만 조금은 헛헛한 마음도 있었다. 이제 더 이상 책방에 이억배 작가님은 없다. 작가님 명성에 기대어 잠시 꿈같은 시간을 보냈지만 다시 현실로 돌아와야 한다. 그러니 너무 들뜨지 말자며 스스로를 다독였다. 그런데 좀 이상했다. 모객이…… 왜 잘되지? 그날 이후 다른 문화 행사들의 모객이 생각보다 수월하게 진행됐다. 심지어 작가와의 만남이 아닌 그냥 책방지기인 내가 운영하는 모임들까지도 참여 신청이 늘어났다.

지금 무슨 일이 일어나고 있는 거지? 그제서야 알았다. '신청 마감되었습니다'라는 말의 위력을. 홈쇼핑에서도 쇼핑호스트가 "곧 매진됩니다"라고 말하면 나도 모르게 주문 버튼을

누르게 되듯이, 한번 '신청 마감' 공지가 나가고 나니 '이 책방 행사는 빨리 신청하지 않으면 마감된다'라는 이미지가 생겨나게 된 것이었다.

사람들은 손님이 없다고, 책방 운영이 쉽지 않다고 말하면 동정 어린 위로와 응원의 메시지를 보내주지만 정작 책방에 찾아 오는 일은 거의 없다. 하지만 손님들로 붐비고, 많은 후기들로 눈에 띄는 곳은 알아서 찾아온다. 행사나 모임이 없는 날은 예전이나 별반 다르지 않게 손님이 별로 없었지만, 온라인에서 보여지는 모습은 사람들로 가득 찬 행사 후기로 인해 좀 다르게 비춰진 것 같다. 이왕 밥 먹을 거면 맛집에서 먹고 싶고, 이왕 커피 마실 거면 SNS에 멋진 사진 한 장 올릴 수 있는 핫플레이스로 가고 싶은 게 사람들의 당연한 마음 아닌가. 책방도 마찬가지였나 보다.

어쨌든 모객 걱정이 덜어지니 책방 운영에도 자신감이 붙기 시작했다. '그동안 노력했던 시간들이 헛되지 않았구나' 보상 받는 느낌도 있었다. 이대로만 계속 순항한다면 곧 책방의 재정 상황이 안정화될 것이라는 기대감도 살짝 들었다. 그러나 삶은 언제나 예측불허. 이때는 몰랐다. 앞으로 닥쳐올 일들을……

넘을 수 없는 벽에 부딪힌 당신을 위한 그림책 추천

더우면 벗으면 되지   글·그림 요시타케 신스케 | 주니어김영사

살면서 힘들고 답답한 순간이 찾아오면 어떻게 해야 할까? 복잡하게 생각하면 스트레스만 더 쌓일 뿐, 가끔은 단순명료한 것이 해답이 되기도 한다. 더우면 훌러덩 벗으면 되고, 추우면 꼭꼭 껴입으면 되는 것처럼 말이다.

문 밖에 사자가 있다   글 윤아해 · 그림 조원희 | 뜨인돌어린이

문밖에 사자가 있다. 노란 방의 아이는 "그래서 나는 나갈 수 없어"라고 말하고, 파란 방의 아이는 "그래도 나는 나가고 싶어"라고 말한다. 같은 문제가 주어져도 마음가짐에 따라 그 결과는 달라진다. 당신은 어떤 마음을 선택을 하고 싶은가?

벌새 하나가 작은 날개를 펼칠 때   글·그림 델핀 자코 | 초록귤

숲에 큰불이 났다. 모두가 두려워 나서지 못할 때 작은 벌새 하나가 연못으로 날아가 부리에 물을 담고 불길 위에 한 방울씩 뿌리기 시작했다. 다른 동물들의 비아냥에도 "나는 내 할 일을 할 뿐이야"라고 말하는 벌새. 부정적 생각만 하고 있을 텐가, 아니면 작은 무언가라도 해볼 텐가?

불행이 나만 피해갈 리 없지   글 정미진 · 그림 김소라 | 엣눈북스

불행은 우리가 예상하지 못한 때, 예상하지 못한 방법으로 우릴 찾곤 한다. 세상의 모든 불행이 온통 나에게만 쏟아지는 것 같을 때, '불행이 나만 피해 갈 리 없지'라는 생각이 든다면 이 말을 기억하자. 불행이 당신을 피해 가지 않듯, 행운도 당신을 피해 갈 리 없다는 것을.

비에도 지지 않고   글 야자와 겐지 · 그림 미야마무리 코지 | 그림책공작소

비에도 지지 않고 바람에도 지지 않는 사람. 모두에게 바보라 불려도, 칭찬에도 미움에도 휘둘리지 않는, 그런 사람이 될 수 있을까? 언젠가 세상에 내던져졌을 때 누군가 건넨 이 책은 내가 힘든 순간마다 쓰러지지 않도록 날 붙잡아주는 힘이 되었다. 당신에게도 그런 행운이 일어나기를.

여름이 지나면 글·그림 **박찬미** | 달리

숲에 자란 조그만 풀 한 포기에게 여름은 고난의 계절이다. 타는 듯한 태양과 뜨거운 열기, 모든 걸 쓸어버릴 듯한 장마가 우리를 무너트릴 듯 위협하고 나면 우리는 곧 알게 된다. 여름이 지난 후 우리가 얼마나 단단하게 성장했는지.

우리 가족은 정원사입니다 글 **조안나 게이즈와 아이들** · 그림 **줄리아나 스웨이니** | 나는별

여기 정원을 가꾸는 한 가족이 있다. 작은 화분에서 시작된 그들의 도전은 순탄하지만은 않다. 그럼에도 배우고 익히고 또 실패하고 경험하며 어느덧 아름다운 정원을 가꾸어낸다. 삶이라는 게 다 이런 거 아닐까. 뜻대로 되지 않아도 끝까지 노력한 사람이라면 멋진 정원사가 될 수 있다.

커다란 벽이 있다면? 글 **사토신** · 그림 **히로세 가쓰야** | 나무말미

검은 고양이가 길을 가는데 계속해서 크고 높은 벽을 맞닥뜨리게 된다. 고양이는 그때마다 투덜대지 않고 용기와 지혜로 방법을 찾아서 벽을 넘어간다. 인생의 벽에 가로막혀 좌절 중이라면 이 책을 읽어보자. 어쩌면 높은 벽에 가로막힌 당신 삶에 힌트가 될지도 모르니.

햇살이 글·그림 **셀리아 크랍피엔** | 나무말미

우산이 소용없을 정도로 비바람 몰아치는 날엔 이렇게 외쳐보자. "오히려 더 좋아! 내가 좋아하는 노란 우산을 쓸 수 있으니까." 우리가 통제할 수 없는 일들로 가득한 세상에서 긍정의 마음을 놓지 않는다면 더 이상 우리에게 두려움은 없다.

홈런을 한 번도 쳐 보지 못한 너에게 글·그림 **하세가와 슈헤이** | 천개의바람

홈런만 치면 역전의 주인공이 될 기회였는데 땅볼을 쳐버렸다. 홈런을 한 번도 쳐 보지 못해 우울해하는 아이. 알고 보니 이 녀석, 안타도 제대로 쳐본 적이 없다나? 누구에게나 과정이 필요하다. 지금 우리에게 필요한 건 홈런이 아니라 안타다. 작은 성공들이 모여 꿈을 이루는 그날까지.

3장
엄마는 책방지기

세금을 안 내도 된다고요?

 책방을 오픈하고 처음으로 세금 신고를 했다. 회계적인 부분은 영 자신이 없어서 관련된 서류들을 들고 무작정 세무서로 찾아갔다. 세무서에는 나처럼 직접 세금 신고를 하기 어려운 사람들을 도와주는 창구가 개설되어 있었다. 덕분에 무사히 세금 신고는 마칠 수 있었지만 나는 어깨가 축 처질 수밖에 없었다. 왜냐하면 세금을 단 1원도 내지 않아도 된다는 얘기를 들었기 때문이다.

 세금을 안 내면 좋아해야 하는데 왜 우울하냐고? 세금을 안 낸다는 말은 곧 내가 그만큼 돈을 못 벌었다는 얘기다. 지난 1년의 매출은 말 그대로 참담했다. 1년 동안 번 돈이 2,000만

원도 되지 않았다. 여기서 말하는 2,000만 원은 순이익이 아니라 매출이다. 책은 팔면 30퍼센트 정도의 이익이 남고, 음료는 50~60퍼센트 정도가 남는다. 널널하게 대략 매출의 50퍼센트 정도가 이익이라고 쳐도 고작 1,000만 원을 번 셈이다. 그런데 여기서 끝이 아니다. 매달 꼬박꼬박 나가는 임대료와 전기요금 등 각종 공과금을 빼야 한다. 결론은 순이익은 마이너스, 아주 간단하게 말하자면 적자다.

회사 다닐 때는 한 달에 몇 백만 원은 벌었었는데, 1년 사이에 마이너스 인생이 되어 있었다. 회사 안은 전쟁터, 회사 밖은 지옥이라더니……. 그 말이 무슨 뜻인지 가장 현실적으로 다가왔던 순간이었다. 이제 시작일 뿐이라고 스스로를 다독여 봐도, 회사 밖에서의 내 능력은 고작 이 정도였나 싶어서 우울해졌다. 책방을 운영해서 수익을 낸다는 건 정말 만만치 않은 일이었다. 애초부터 돈을 많이 벌 생각으로 시작한 일은 아니지만 적어도 적자는 안 나도록 운영을 해야 하는데, 나 자신이 한심할 따름이었다.

책방은 돈 욕심 없는 사람들이 할 수 있는 일이라고 생각했는데 착각이었다. 책방은 돈이 많은 사람들이 할 수 있는 일이었다. 매달 적자가 나도 크게 상관없는 부자들이 할 수 있는 자선사업 같은 것이랄까. 아, 부자 되고 싶다. 건물주 되고 싶다. 세금 많이 내고 싶다……. 책방을 하면 돈과 물질 앞에서 초연해질 줄 알았더니 웬걸, 없던 욕심까지 생겨났다. 그런데 과연 책 팔아서 부자가 될 수 있을까? 그때쯤부터인 것 같다, 내가 매주 로또를 사기 시작한 게. 어쩌면 책을 팔아서 부자가 되는 것보다 로또에 당첨돼서 부자가 되는 쪽이 더 확률이 높을 것 같다는 웃픈 생각으로 매주 로또를 사고 있다.

다행히 그 후로 도서관과 학교에 도서 납품을 시작하게 되면서 연매출이 큰 폭으로 상승했다. 그 덕분에 이제는 매년 세금을 낸다. 그토록 세금이 내고 싶었건만 사람 마음이라는 게 이렇게 간사하다. 지금은 왠지 좀 억울한 생각이 드는 걸 보면 말이다. 도서 납품을 해도 책방에 돌아오는 이익은 납품가의 20퍼센트 정도뿐인데, 매출 높다고 세금을 내라는 게 뭔가 불공평하게 느껴진다. 거기에 그동안 매출액이 적어서 가입하지 않아도 됐던 국민연금도 내야 하고, 남편 건강보험에 피부양자로 들어가 있던 것도 지역 가입자로 전환되어서 또 내야 하고. 책방 살림살이는 아주 조금 나아졌을 뿐인데 갑자기 내야 할 돈은 많아졌다. 아, 억울하다 억울해.

이렇게 투덜대보지만 사실은 모두 감사한 일이다. 어쨌든 세금을 낸다는 것은 내가 책방 일로 어느 정도 밥벌이는 하고 있다는 증거고 경제 활동 능력을 갖춘 시민이라는 뜻이니까. 나라에서 그렇게 인정해 주는데 어찌 고맙지 아니한가. 쥐꼬리만큼 벌어도 나는 일하는 여자다. 앞으로도 계속 세금 내면서 살고 싶다. 지금보다 더 많이 내고 싶다. 물론 내면서 또 투덜대긴 할 테지만.

깊은 밤 책방에 불이 켜지면

책방에서 했던 여러 모임 중 내가 가장 애정했던 건 바로 〈심야책방〉이다. 한 달에 한 번, 금요일 밤에 열리는 심야책방은 밤 열 시에 시작된다. 아마 그때가 일주일 중 가장 마음이 여유로운 시간이 아닐까 싶다. 일하는 엄마들도 내일은 출근 걱정 없이 여유로운 아침을 맞을 수 있어서 좋고, 전업주부인 엄마들도 내일은 독박육아를 하지 않아도 되니 좋고. 무엇보다 잠시 아이를 남편에게 맡겨놓고 자유부인이 되기에 딱 좋은 시간이다. 덕분에 심야책방을 하는 날이면 나 역시 자유부인이 되어 그 밤을 오롯이 즐길 수 있었다. 역시나 내 생각대로 심야책방의 참여자들은 대부분 엄마들이었다. (뭐, 꼭 심야책방이 아니어도 우리 책방 손님의 거의 90퍼센트가 엄마들이긴 하지만.)

처음 시작한 심야책방은 〈깊은 밤 책 시간〉이라는 타이틀로 그냥 모여서 각자 조용히 책을 읽고, 마지막에 그날 자신이 읽은 책을 소개하는 독서 모임이었다. 영유아 자녀를 키우고 있는 엄마들에게 나 홀로 고요히 책을 읽는 시간은 자주 찾아오지 않는다. 책 좀 읽으려고 하면 아이가 가만 두질 않고, 아이와 떨어져 있는 시간에도 해야 할 집안일들이 자꾸만 눈에 들어와서 독서에 집중하기가 쉽지 않다. 그래서 아이와도, 집이라는 공간과도 잠시 떨어져 온전히 책에 집중할 수 있는 시간을 선물하고 싶어 기획한 모임이었다.

한밤의 책방은 참 매력 있다. 순간순간 시선이 바깥의 풍경을 향하게 되는 한낮의 책방과는 달리, 한밤의 책방은 어두운 무대 위에 한 줄기 조명이 비친 것처럼 책에 대한 집중도를 높여줬다. 저마다 편한 자리에 앉아 읽고 싶은 책을 손에 들고 조용히 책에 빠져들었다. 나도 그 시간만큼은 책방에 온 손님처럼 그저 책 읽기에만 집중했다. 같은 공간에 있지만 혼자가 되는 시간이다. 혼자 있을 때 비로소 진짜 내가 되는 기분, 아는 사람은 알 것이다. 그러니 내가 이 시간을 사랑할 수밖에.

그러다가 '심야책방'이라는 이름의 지원 사업에 도전하게 되었다. 마찬가지로 한 달에 한 번, 매달 마지막 주 금요일에 심야책방 행사를 진행하는 사업이었다. 지원금이 나오다 보니 그냥 모여서 각자 책을 읽는 것보다 더 다양한 활동들을 해볼 수 있는 기회였다. 모여서 그림책 낭독회도 열고, 함께 그림책을 따라 그리고, 그림책 에세이도 한 편씩 써보았다. 엄마들을 위한 그림책 테라피 시간도 가졌다.

그중 가장 기억에 남았던 날은 워킹맘들과 함께했던 그림책 낭독회였다. 내가 회사에 다닐 때도, 퇴사를 결심하고 새로운 일에 도전하기로 했을 때도, 그리고 책방지기가 되었을 때도 옆에서 많은 힘이 되어준 워킹맘 모임의 멤버들을 초대하여 함께 그림책을 소리 내어 읽었다. 세상 모든 엄마들이 나름의 힘듦이 있겠지만, 워킹맘들에겐 유독 죄책감이라는 꼬리표가 따라 붙는다. 하루에 아이와 함께하는 시간이 비교적 짧다 보니 직장에서 보내는 시간 이외에 따로 개인 시간을 갖는다는 것은 이기적인 모습으로 여겨지기도 한다. 그로 인해 경제력은 있지만 오히려 취미 활동이나 문화생활을 편히 즐기지 못하는 이들이 바로 일하는 엄마들인 것이다.

같은 워킹맘으로서 그녀들에게도 심야책방을 꼭 경험하게 해주고 싶었다. 각자가 가지고 온 그림책을 낭독하고, 책에 얽

힌 자신의 이야기를 들려주었다. 아이 이야기, 친정 엄마 이야기, 일하는 엄마인 자신의 이야기……. 어느 것 하나 공감되지 않는 이야기가 없었다. 그 수많은 이야기 속에서 우린 함께 울고 웃고 서로를 위로했다. 낭독회가 끝나고 시간은 자정을 훌쩍 넘었는데도 자리를 뜨지 못하는 이들이 많았다. 이런 밤이 또 언제 올지 몰라 아쉬운 그 마음을 내가 모를 리가 있나. 남은 이들끼리 한참 더 이야기를 나누다가 새벽 두 시쯤에야 책방 문을 닫았다.

안타깝게도 현재 우리 책방은 심야책방 모임을 하고 있지 않다. 아직 어린 둘째 아이에겐 매순간 엄마가 필요하기에 늦은 밤 책방 문을 여는 것은 잠시 멈추기로 했다. 아이가 조금 더 자라면 그때 다시 하면 되니까. 어쨌든 근근넝넝의 심야책방은 아직 끝나지 않았다. 깊은 밤 책방에 불이 켜지면, 그때부터는 마법의 시간이다. 짊어지고 있는 모든 역할과 의무를 잠시 내려놓고 그냥 오롯한 내가 되는 마법, 미처 하지 못했던 이야기들을 술술 꺼내어 놓게 하는 마법, 매일 똑같은 일상 속에 작은 변화를 일깨우는 마법. 꼭 우리 책방이 아니어도 괜찮다. 그 마법의 시간을 더 많은 이들이 경험해 보았으면 좋겠다.

두 번째 임신

 책방을 오픈한 지 10개월 정도 지났을 무렵 나에게 새 생명이 찾아왔다. 예정에 없던 갑작스런 임신은 아니었다. 애초에 아이를 두 명 낳고 싶었으나 내 상황이 여의치 않았다. 보통 많은 사람들이 두 살 터울로 아이를 가지지만, 첫아이를 낳은 후 출산 휴가와 육아 휴직까지 1년 3개월을 쉬고 다시 회사에 돌아갔던 나로서는 바로 둘째를 가지는 것이 눈치가 보였다. 나름 여직원 복지가 좋아 육아 휴직 사용을 당연하게 여기는 회사에 다녔지만, '육아 휴직 한 번 하고는 다들 복직하지만, 두 번 하고 다시 회사로 돌아오는 사람은 거의 없다'라는 말도 여기저기서 들려왔기에 지금은 때가 아니라고 생각했다.

그렇게 본격 워킹맘으로 살아보니 회사에 출퇴근하며 아이 하나 키우는 것도 정말 쉽지가 않았다. 그런데 둘을 낳겠다고? 당시 상황에서는 그야말로 미친 짓이다. 퇴사에 결정적인 역할을 한 것은 첫째 아이였지만, 아이를 하나 더 낳고 싶었던 것도 나의 퇴사 결심에 큰 영향을 미쳤다. 그런데 막상 책방을 오픈하고 나니 또다시 지금은 때가 아니란 생각이 들었다. 우선은 책방 운영에 어느 정도 적응을 한 후에 둘째를 가지는 것이 순서인 것 같았다.

그렇게 시간은 계속 흐르고 어느덧 첫째 아이는 다섯 살이 되어 있었다. 그 당시 외동이었던 우리 아들은 책방에 다른 아이들이 찾아오는 것을 너무나 좋아했다. 특히나 한두 살 정도의 어린 아기 손님이 오면 좋아서 어쩔 줄 몰라 하며 계속 졸졸 따라다녔을 정도였다. 아기 발을 만져보고, 머리를 쓰다듬어 보고, 재미난 표정을 지으며 아기를 웃게 해주려고 노력했다. 그러더니 결국 아들의 입에서 그 말이 나오고야 말았다.

"엄마, 나도 동생 갖고 싶어. 동생 낳아 줘!"

괜히 아이를 놀려주고 싶어서 이렇게 대꾸했다.

"엄마는 너 하나 키우기도 힘든데?"

그랬더니 이렇게 답한다.

"동생만 낳아주면 내가 다 할 거야. 동생 밥도 먹여주고, 동생 목욕도 시켜주고, 동생 업어주고 다 할 거야."

자기 밥도 스스로 안 먹으면서 동생 밥을 먹여준다니, 웃음이 났지만 꾹 참고 이렇게 물었다.

"그럼 기저귀는? 쉬하고 똥 싸면 그것도 네가 치울 거야?"

아이가 당황한다.

"어, 어……. 그건 좀 더러운데……. 그것만 엄마가 해. 기저귀만 빼고 내가 다 할게. 그러니까 동생 낳아줘, 제발!"

이 꼬맹이 녀석, 진심인가 보다. 그래, 이제 정말 때가 됐다. 내 나이도 어느덧 30대 후반이고, 더 늦어지기 전에 이제 정말 둘째 계획을 실행에 옮길 시간이었다. 그렇게 5년 만에 두 번째 임신을 하게 되었다. 양가 부모님들도 내심 둘째를 기다리고 있으셨기에 임신 사실을 확인하고는 바로 기쁜 마음으로 전화를 드렸다. 먼저 시어머니께 전화를 드렸는데 역시나 너무나 기뻐하셨다. 그런데 축하와 함께 이어지는 말씀이 좀 당황스러웠다.

"너무 잘됐다. 이제부터는 책방 그만하고 애들만 열심히 키워라."

아니, 여기서 왜 갑자기 책방을 그만두라는 얘기가 나오는 거지? 뭔가 많이 서운했지만 예전부터 엄마로서의 역할을 가장 중요하게 강조하시던 분이라 그러려니 하고 대충 얼버무리며 전화를 끊었다. 이번엔 친정 엄마에게 전화를 걸었다. 엄마도 좋아하시며 나에게 축하 인사를 건넸다. 그런데 친정 엄마의 입에서도 시어머니와 별반 다를 것 없는 얘기가 나오는 게 아닌가.

"그래, 그럼 이제 책방만 잘 정리해서 마무리하고 아이 낳으면 되겠네."

그 말에 순간 화가 나서 짜증을 내고 말았다.

"책방을 왜 정리해? 내가 둘째도 낳고 싶어서 회사 그만두고 책방 하고 있는 건데. 내가 뭐 애 낳으면 그만두려고 책방 한 줄 알아!"

시어머니께는 하지 못한 말을 친정 엄마라고 마구 쏟아냈다.

"아니, 애 둘 데리고 어떻게 혼자서 그걸 한다고 해."

안다. 엄마는 내가 힘들까 봐 하는 소리라는걸. 알면서도 화가 났다.

"할 수 있는지 없는지 해봐야 알지. 왜 해보지도 않고 무조건 그만두라는 말부터 해? 내가 알아서 할 거야."

그저 축하를 받고 싶었던 마음에 건 전화였는데 기분이 한

없이 가라앉았다. 갑자기 그런 생각이 들었다. 사실은 아무도 내가 책방 하는 걸 바라지 않고 있다고. 그동안의 응원은 다 가짜였고 돈도 못 벌고 시간만 축내는 그런 일 따위 얼른 그만두길 바라고 있다고……. 한순간 세상에 내 편이 모두 다 사라진 것만 같은 기분이었다. 이제야 책방이 슬슬 잘되려고 하던 참인데 여기서 그만두라니. 왜 내 일을, 내 꿈을 그렇게 쉽게 포기하라고 말하는 걸까. 난 아이를 원했을 뿐이지, 아이로 인해 내 삶이 매몰되는 것을 원한 것이 아니다. 오기가 발동했다.

'두고 봐라. 내가 못 하나. 둘째 낳고도 내가 보란 듯이 전보다 더 잘할 거니까.'

그때 다짐했다. 난 누가 뭐래도 계속 일하는 엄마로 살아갈 것이라고.

무기력이 찾아왔다

 친정 엄마에게 알아서 하겠다고 큰소리를 친 지 얼마 되지 않아 입덧이 시작됐다. 아, 빌어먹을 입덧. 내가 이걸 잊고 있었구나. 잔병치레 없는 건강 체질인 나는 살면서 크게 아파본 적이 없다. 예방 주사를 맞지 않아도 독감 한 번 걸린 적이 없고, 감기에 걸려도 콧물과 기침만 나올 뿐 몸살을 앓아본 적도 없다. 그런 나에게 몸이 가장 힘들었던 때가 언제냐고 묻는다면 단연 '첫째 임신 기간'이라고 답하겠다.

 입덧도 종류가 여러 가지 있는데 나는 그중 먹덧에 당첨됐다. 먹덧을 겪어보지 못한 사람들은 "그래도 먹고 싶은 거 실컷 먹으니까 좋지 않냐"는 어이없는 말을 내뱉지만, 실상은 그렇지 않다. 먹고 싶어서 먹는 것이 아니다. 먹지 않으면 속이 쥐어뜯기는 느낌이 들어서 그냥 아무거나 입에 넣어야 한다. 속이 비면 오히려 토할 것 같은 이 이상한 증상 때문에 심지어 자다가도 일어나서 먹어야 한다. 게다가 나는 임신 기간 내내 미각을 상실하고 입에서 종일 쓴맛이 났다. 아무리 맛있는 걸 먹어도 입이 쓰니 아무 소용이 없었다.

종합하자면 임신 기간 내내 맛도 없는 음식을 억지로 끊임없이 먹어야 했고, 나중엔 토덧까지 동반되어 '먹고 토하고'를 반복하는 삶을 살았다. 그 결과 평생을 55사이즈로 살아온 나의 몸은 77로 두 단계나 강제 업그레이드되기까지 했으니……. 입덧은 다시는 떠올리기 싫은 기억이 아닐 수 없다. 그런 입덧이 다시 시작됐다. 하필이면 이번에도 또 먹덧이다. 젠장…….

순식간에 극심한 무기력이 나를 덮쳐왔다. 아무것도 하기 싫고, 아무것도 할 수가 없었다. 어찌 보면 첫째 아이 때보다 입덧의 강도는 덜했지만 상황이 달라졌다. 그때는 그냥 내 몸 하나 챙기면 됐지만, 지금은 내가 챙겨야 할 아이가 있다. 힘들면 누워서 쉬면 되었던 그때와 달리, 지금은 아파도 아이 밥은 먹여야 했다. 그런 상황이 나를 더 무너지게 했다.

브런치에 연재하던 책방 운영기를 더 이상 쓸 수가 없었다. 꼭 배우고 싶어서 듣고 있던 강의도 중도 하차했다. 집안일도 거의 할 수 없었고, 책방 청소도 제대로 못한 채 손님을 맞았다. 손님이 없는 시간에는 계속 책방 소파에 누워서 잠을 잤다. 예정된 모임이나 행사가 있는 날엔 억지로라도 힘을 짜내 웃어 보았지만, 피곤에 찌든 얼굴에 굳은 표정을 숨기지 못할 때도 많았다. 시간은 흘러 크리스마스가 되었건만 책방엔 여전히 핼러윈 장식이 걸려있었다. (그 후에도 우리 책방은 거의 1년 동안 핼러윈 데이로 지냈다.) 큰소리친 게 무색할 정도로, 아무래도 도저히 못할 것 같았다. 입덧 하나에도 이렇게 힘들어 죽겠는데 아이 둘을 데리고 책방을 하겠다고 고집을 부렸다니……. 친정 엄마 말이 맞다. 이건 내가 할 수 없는 일이다. 그렇게 내게 주어진 모든 것이 두려워졌다.

입덧 말고도 나를 절망하게 만든 것은 또 있었다. 직장인에게는 출산 휴가와 육아 휴직이라는 제도가 있었지만, 자영업자를 위한 출산 대책은 전무했다. 특히 나 같은 1인 자영업자의 경우 임신은 곧 폐업이라는 법칙에서 벗어나기 쉽지 않았다. 육아 휴직은 감히 꿈꿀 수도 없고, 출산 휴가도 마음 편히 다녀오기 어렵다. 쉬는 동안 소득은 없는데 임대료는 계속 내야 하는 적자 상황이 지속되기 때문이다. 과연 그 시간을 버틸 수 있을까? 아이를 키우면서도 내 일을 포기하지 않기 위해 퇴사를 했던 건데, 이제 보니 그간 회사 안에서 누렸던 것들이 참 많았었구나 싶었다.

지금 내 상황은 총도 방패도 없이 전쟁터에 나온 병사처럼 암담하기 그지없었다. 당분간 무인책방으로 운영을 해야 하나, 지금이라도 동업자를 알아봐야 하나, 그것도 아니면 몇 개월만이라도 아르바이트생을 써봐야 하나……. 이렇게 저렇게 고민해 봐도 딱히 답이 나오질 않았다. 똑똑한 척은 다 하더니 난 여전히 대책 없이 저지르기만 하는 사람인가 보다. 모르겠다. 일단은 당장 이번 달 월세 고민이 먼저다. 불행인지 다행인지 인간의 임신 기간은 꽤 길다. 그동안 계속 생각하다 보면 뭔가 방법이 생기겠지. 그렇게 애써 긍정회로를 돌렸다.

태교는 그림책으로

 불행 중 다행인 것은 첫째 때만큼 입덧이 심하진 않다는 거였다. 몸이 너무 힘든 날에는 자체적으로 휴가를 내거나 운영 시간을 조절해 가며 조금씩 기운을 차려갔다. 이런 건 또 자영업이라서 남의 눈치 안 봐도 되니 좋다. 역시 세상에 나쁘기만 한 일은 없나 보다. 책 모임과 문화 행사는 멈추지 않고 계속 이어갔다. 임신 초기엔 좀 힘들었지만 적당히 일이 바쁜 것이 몸 컨디션에 더 좋다는 걸 알고 있었기 때문이다. 첫째 임신 때도 출퇴근하는 건 힘들었지만 오히려 회사에 있을 때가 집에서 쉴 때보다 나았다. 적어도 회사에선 한 번도 토한 적은 없으니까. 무언가에 집중하는 순간에는 입덧도 잦아드는 기분이었다. 그래서 책 모임을 하는 게 좋았다. 사람들을 만나 이야기를 나누는 동안에는 그 어느 때보다 활기찬 나로 돌아갈 수 있었다.

둘째 임신 기간에 정말 좋았던 것은 그림책방이라는 나의 공간이었다. 따로 태교를 할 필요가 없었다. 그림책을 마주하는 일상이 곧 태교가 되었다. 회사를 다닐 때는 매일 뉴스를 보는 일을 했기 때문에 사실 태교에 무척 좋지 않다는 생각을 한 적이 많았다. 좋은 일보다는 나쁜 일이 뉴스거리가 되기 때문이다. 서로를 깎아내리기 급급한 정치권 기사, 지저분한 연예계 스캔들 기사, 하루도 빠짐없는 사건사고 기사를 마주할 때면 이런 곳이 내 아이가 살아갈 세상이라는 것이 답답하게만 느껴졌다.

그러다 가끔씩 어린이집 아동학대라던가, 부모가 자신의 아이를 때리거나 살해한 사건이라도 터지는 날이면 기사를 읽다가 가슴이 벌렁거리고 손이 부들부들 떨려서 참을 수가 없었다. 혼자 벌게진 얼굴로 모니터를 보면서 눈물을 훔친 적이 한두 번이 아니다. 게다가 익명에 기댄 사람들의 저급하고 몰상식한 댓글을 보고 있자면 정말 욕이 저절로 튀어나올 지경이었다. 좋은 것만 보고 있어도 모자랄 시간에 세상 온갖 나쁜 것들은 다 보고 있자니 그땐 배 속 아기한테 참 미안했다.

그런데 지금은 아니다. 예쁜 그림과 사랑스러운 이야기로 가득 찬 그림책들이 매일 나를 반겨줬다. 물론 그림책 중에도 현실을 꼬집거나 어두운 사회 문제를 다루고 있는 책들도 있었지만, 적어도 뉴스 기사만큼 자극적이고 폭력적이지 않아서 좋았다.

임신과 함께 호르몬의 노예가 된 나는 눈물이 많아졌다. 그림책을 보면서 우는 날이 많아졌다. 책 속 이야기가 참 따뜻하고 뭉클해서 울고, 슬픈 이야기를 담고 있는 책은 더 슬프게 느껴져서 울고, 또 어떤 이야기는 지금의 나를 응원해 주는 것 같아서 울었다. 특히 엄마를 주인공으로 한 그림책을 만날 때면 감정이 격해져서 혼자 소리 내어 꺽꺽 울 정도였다. 친정 엄마 생각도 나고, 나를 엄마로 만들어 준 우리 아이 생각도 나서 말이다. 임신 중에 많이 울면 아이에게 좋지 않다는 얘기도 있었지만, 눈물을 흘려보내고 나면 오히려 마음이 편안해졌다. 불안한 마음도, 두려운 마음도, 미안한 마음도 한결 가볍게 마주할 수 있었다. 어릴 때는 원래 눈물이 많지 않아서 울지 않았고, 나이가 들어서는 울고 싶어도 참아야 하는 순간이 많아서 울지 못했다. 그래서 나는 지금 마음껏 나를 울게 만드는 그림책들이 좋다.

둘째를 임신하기 전부터 이미 그림책이 태교로 참 좋겠다는 생각을 했었다. 그래서 그림책 태교 모임을 오픈한 적이 있었는데, 신청자는 딱 1명뿐이었다. 아무래도 이 모임은 하지 못 하겠구나 싶었는데 그분이 그냥 나와 일대일로라도 그림책 태교 시간을 가지고 싶다고 하셨다. 회사에 다니고 있다 보니 특별히 따로 태교를 할 시간이 없었는데, 마침 집 근처에 시간이 맞는 태교 모임이 생겨서 남편이 적극적으로 나가보라고 했단다. 이런 멋진 남편 같으니라고. 그래서 그분과 한 달에 두 번 단둘이 만나 그림책을 함께 나누었다.

모임 이름은 거창하게도 '엄마 수업'이었지만, 그저 몇 년 빨리 엄마가 되어 본 선배로서 위로가 될 만한 이야기들을 그림책과 함께 들려주었을 뿐이었다. 모든 것이 힘들기만 했던 나의 초보 엄마 시절을 떠올리며, 아이를 낳고 키우는 일이 그저 아름답기만 한 일상은 아니라는 것을, 엄마가 되어도 나를 잃어버리지 말아야 한다는 것을 꼭 얘기해 주고 싶었다. 그런 이야기를 하기에 그림책만큼 좋은 것도 없었다. 나도 첫째를 가졌을 때부터 그림책을 만났다면 조금은 덜 힘들지 않았을까 싶기도 했다. 그렇게 나의 처음이자 마지막 그림책 태교 모임 멤버와 두 달이라는 시간을 함께 보냈다. 그분은 이전에 그림책을 읽어본 적이 없고, 사실 책 자체를 그다지 읽지 않는 사람이라고 했다. 모임을 마치는 날 마지막 소감을 전하며 했던 말이 인상적이었다. 그림책으로 태교를 한 것도 좋았지만, 무엇보다 새로운 기쁨을 느끼게 되어서 좋았다고. 1년에 책 한 권도 읽을까 말까인데 이 모임에 나오면 하루에 일고여덟 권을 완독하게 되니까 너무 뿌듯했다고 했다. 이렇게 그림책의 매력이 하나 더 추가됐다.

'완독의 기쁨을 누리고 싶은 사람들이여, 그림책을 읽으시오!'

엄마로만 살고 싶지 않은 나이지만 엄마라는 키워드는 내 삶에서 이제 떨어트려 놓을 수 없는 것이 되었다. 내가 그림책을 통해 무언가 딱 하나만 해야 한다면, 나는 엄마들에게 그림책을 읽어주는 일을 하고 싶다. 그림책으로 엄마들을 위로하고 응원하고 싶다. 엄마로 살아가는 게 만만치 않지만 그림책에 기대어 어떤 날은 울고, 어떤 날은 웃으면서 힘내보자고, 그러다 보면 엄마라는 이유로 잠시 미뤄뒀던 꿈을 다시 꿀 수 있는 날도 올 거라고…….

내가 대단한 사람이라서가 아니라, 나 역시 엄마라는 삶 속에서 매일 헤매고 있는 중이라서 그렇다. 나 혼자는 계속 헤맬 것 같아서, 함께 길을 찾고 싶어서 말이다. 그림책 태교도 좋고, 그림책 육아도 좋다. 다만 아이를 위해서만 그림책을 읽어주지 말고, 자기 자신을 위해서도 읽었으면 한다. 책방지기가 되고 나서야 비로소 뒤늦게 만난 그림책은 나에게 그런 의미였으니까.

참, 그래서 그림책 태교가 효과가 있었냐고? 당연하다. 세상 누구보다 사랑스럽고, 일하는 엄마를 이해해 주고, 엄마가 하는 책방을 사랑하는 요물 같은 딸이 태어났으니.

책방 아이의 탄생

둘째가 생후 45일 되던 날, 우리는 함께 책방으로 출근했다. 아직 100일도 안 된 아이를 데리고 출근을 한다는 건 첫아이였다면 상상도 못할 일이었다. 첫째가 50일 때쯤 예방 접종차 소아과에 가야 해서 처음으로 나 혼자 아이를 데리고 외출한 적이 있었다. 집 앞에 있는 지하철을 타고 두 정거장만 가면 되는 거였는데도 얼마나 긴장을 했는지, 차마 자리에 앉지도 못하고 아기 띠를 한 채 몸은 계속 바운스를 타며 아이를 토닥였던 기억이 난다. 그때의 나에 비하면 지금은 참 용감해졌다. 경험은 역시 무시 못 한다. 거기에 우리 책방이 그다지 손님이 많이 드나드는 공간은 아니었기에 시도해 볼만 했던 것 같다.

처음 한 달은 세 시간 반 정도만 책방을 오픈했고, 아이가 조금씩 자라는 만큼 운영 시간도 조금씩 늘려갔다.

출산 휴가를 마치고 다시 책방 문을 열자 단골손님들이 일부러 시간을 내서 찾아와 주셨다. 축하의 꽃다발을 건네는 분도 있었고, 아이 옷이나 장난감을 선물해 주시는 분들도 있었다. 생각지도 못한 일이었다. 어찌 보면 그냥 판매자와 구매자일 뿐인데, 단골이라는 두 글자는 둘 사이의 관계를 조금 더 특별하게 만드는 힘이 있다. 그간 책방을 하면서 비록 돈을 벌지는 못했지만, 그래도 내가 사람은 얻었구나 싶었다. 덕분에 얼마나 큰 위로가 됐는지……. 임신 초기에 찾아왔던 무기력은 어느덧 다 사라지고, 이 아이와 함께 다시 책방을 열심히 꾸려나가야겠다는 의욕이 솟아났다.

둘째는 발로 키운다는 말이 있다. 그건 둘째들이 첫째보다 순해서라기보다는, 엄마가 첫째 육아로 쌓은 경험치 덕분에 마음의 여유가 생긴다는 의미였다. 나 역시 그러했다. 이제와 고백하건데 첫째는 자다가 눈만 떠도 무서웠다. 내 배로 낳은 내 아이인데도 단둘이 있으면 뭘 어떻게 해줘야 할지 모르겠고, 얼른 다시 잠이 들었으면 좋겠다고 생각했다. 그래서 주로 안아서 토닥여주는 걸 많이 하다 보니 그 무시무시한 등 센서가 생기고 말았다. 등 센서 때문에 낮잠을 누워 자지 않더니, 나중엔 밤잠까지 안겨서 자려고 해서 고생을 많이 했다. 둘째는 절대 그렇게 만들지 말아야지 했건만, 이 녀석은 그냥 예쁘니까 자꾸 안아주고 싶었다.

결국 둘째도 등 센서가 발동했다. 그래도 첫째만큼 심하게 오진 않았으니 봐준다. 아이가 잠들면 이런저런 내 할 일을 하다가 일어나면 분유도 먹이고, 같이 눈 마주치며 놀아주고, 그림책도 읽어줬다. 소리에 예민했던 아이라 택배 포장할 때가 가장 문제였다. 잘 자다가도 박스 테이프 뜯는 소리에 항상 울음을 터트렸다. 울어도 귀여운 내 새끼, 둘째는 진정 사랑이어라. 그러나 아무리 아이가 귀여워도 해야 할 일은 해야 하기에 결국 아이를 아기 띠로 안고 일하는 시간이 늘었다. 이 시기에 책방을 찾았던 손님들한테서 나중에 이런 말을 종종 들었다.

"근근녕녕을 떠올리면 아기 띠로 아이를 안은 채 손님을 맞이하던 사장님이 가장 먼저 생각나요."

거의 1년 넘게 아기 띠와 함께 생활했으니 그럴 만도 하다. 어린 둘째도 있으니 잠시 일 욕심은 내려놓고 일단은 책방을 유지하고 있는 것에만 만족하려고 했었다. 그런데 또 스멀스멀 하고 싶은 것들이 생긴다. 에라 모르겠다, 되고 나서 고민하자는 생각으로 신청했던 하반기 심야책방 지원 사업에 선정되고 말았다.

'행사를 진행하는 동안에 아이가 울거나, 응가를 하거나, 배가 고프면 어쩌지?'

둘째는 남편이 혼자 감당하기엔 너무 어렸기에 심야책방을 하게 되면 책방에 아이를 데리고 나와야만 했다. 그러려면 아무래도 혼자서는 안 될 것 같았다. 고심 끝에 심야책방 행사 동안 아이를 돌봐줄 자원봉사자를 구한다는 글을 블로그에 올렸다. 글을 올린 지 얼마 되지 않아 전화가 왔다. 지난해에 우리 책방에서 강연을 하면서 인연을 맺게 된 이달 작가님이었다. 자신이 도와줄 테니 걱정하지 말고 해보라고 하셨다. 지난 강연 때 작가님이 개인적으로 좀 힘든 시기여서 컨디션이 좋지 않았었다. 그래서 본인이 한 강연이 마음에 들지 않으셨던 것 같다. 나는 충분히 좋은 강연이었다고 말씀 드렸고, 그 한마디가 작가님께는 마음의 위안이 되었나 보다.

그때부터 작가님은 나의 든든한 지원군을 자처하며 언제든 도와줄 일 있으면 연락하라고 하셨다. 말만이라도 고마운데 정말 이렇게 도움을 주겠다고 연락을 주시니 순간 눈물이 날 뻔했다. 그래, 해보자. 혼자서 힘들 때는 도움도 청하고, 나중에 또 그 도움 돌려주면서 그렇게 살아보자. 아이를 핑계로 주저앉지 말고, 아이와 함께 뭐든 해보자.

 하필 책방 하는 엄마한테서 태어나서 신생아 시절부터 우리 둘째가 고생이 참 많았다. 지역서점 활성화 조례를 만들겠다고 동분서주하는 엄마 따라 생후 2개월에 도의원 간담회까지 참석한 우리 둘째다. 감기라도 걸릴 새라 외출도 자제했던 첫째 때와는 달리, 둘째는 아기 띠에 안겨 엄마 쫓아다니느라고 바빴다. 그래도 나는 책방에서 아이를 키울 수 있어서 좋았다. 자연스럽게 책을 좋아하는 아이로 크게 될 거라는 기대감도 있었지만, 그보다는 엄마로서 딸에게 남겨주고 싶은 게 있었기 때문이다. 어떤 상황에서도 자기가 좋아하는 일을 꿋꿋이 해나갔던 엄마를 기억해 주길. 그리고 우리 딸도 여자라는 이유로, 엄마라는 이유로 좋아하는 일을 포기하지 말기를. 내가 딸에게 남겨주고 싶었던 유산은 바로 그것이었다.
 엘렌 델포르주 작가의 『엄마』라는 그림책에는 31명의 여자들이 등장한다. 인종, 사는 곳, 직업, 가치관 등이 모두 다른 개성 넘치는 여자들이지만, 모두 엄마라는 공통점이 있다. 나는 그 많은 엄마들 중에 유독 한 명에게 시선이 꽂혔다.

어린 아기를 등에 업은 채 커다란 가방 하나와 기타, 그리고 'Anywhere(어디든)'이라고 적힌 종이를 든 젊은 여자였다. 그녀의 엄마는 의사를 꿈꿨지만 그녀를 임신하고 공부를 포기했다고 한다. 의사가 되고 싶었던 엄마처럼, 그녀도 더 넓은 세상을 알고 싶다는 꿈이 있었지만 아이를 임신하게 되었다. 하지만 그녀는 이렇게 말한다.

"너는 나에게 브레이크가 아니라 엔진이야. 너는 나에게 짐이 아니라 행운의 부적이야."

그녀를 보며 내 가슴도 뜨거워졌다. 내가 꿈꾸는 엄마의 모습이 바로 그녀였기 때문이다. 그녀는 꿈을 포기하지 않았다. 대신 아이와 함께 '어디든' 떠나 넓은 세상을 누비기로 했다. 그녀가 아이를 등에 업고 길을 떠난 것처럼 나는 매일 아기 띠로 아이를 안은 채 책방으로 출근했다.

그 시절 그런 나를 보며 손님들은 대단하다고 말하기도 하고, 안쓰럽다고 말하기도 했다. 대단할 것도 없고, 안쓰러울 것도 없다. 이런 나와 비슷한 사람을 보게 된다면 그저 "보기 좋다"라고 말해주면 좋을 것 같다. 엄마라는 이유로 포기하지 않고, 엄마이기에 누구보다 더 씩씩하게 이 일을 해나갔던 내가 듣고 싶은 말은 바로 그뿐이었기 때문이다.

그림책으로 육아를 배웁니다

나는 육아서는 많이 읽지 않는다. 물론 아이를 키우면서 도움이 되는 내용도 많지만, 읽으면 읽을수록 '엄마라면 이래야 한다'라는 무거운 의무감과 '나는 역시 부족한 엄마구나'라는 자괴감을 느끼게 하는 내용들이 많아서 읽기가 버거워졌다. 그런 나에게 최고의 육아서는 역시나 그림책이었다. 그림책은 엄마와 아이가 주인공으로 나오는 경우가 많아 자연스럽게 내 아이와 엄마인 나를 떠올리게 했고, 그 안에서 다양한 감정을 느끼게 해주었다.

'애 볼래? 밭 맬래?'하면 대부분 밭을 매는 쪽을 택한다고 할 정도로 육아는 참 쉽지가 않다. 내 아이를 엄마인 내가 돌보는 것뿐인데, 무엇이 그렇게 나를 힘들게 하는 것일까? 물론 아이를 먹이고 씻기도 재우고 하는 등의 육체노동도 힘들지만, 나에게 진짜 힘듦은 따로 있었다. 그건 바로 나의 밑바닥을 보는 일이었다.

말도 못 하는 아이가 이유를 알 수 없는 울음을 멈추지 않을 때, 아이를 안고 달래고 달래기를 반복하다가 나도 모르게 '침대에 던져버리고 싶다'라는 생각이 든 적 있다. 그 생각에 내가 더 놀라 아이를 부둥켜안고 같이 울었다, 이제 제발 그만 울라고 부탁하면서. 아이가 자라자 어느 순간부터는 버럭 소리를 지르는 일이 잦아졌다. 아이의 마음을 다치게 하는 막말을 쏟아낼 때도 있었다. 아이를 훈육한다고 시작한 말은 해서는 안 될 나쁜 말까지 같이 뱉어내고 있었다. 머리로는 '이제 그만!'을 외치면서도 입은 멈추지 못했다.

그럴 때마다 내 입에서 무서운 독을 가진 뱀이 빠져나오고 있는 기분이 들었다. 내가 이런 사람이었나? 엄마가 되기 전에는 몰랐다. 내가 누군가에게 소리를 지르고, 막말을 하고, 애꿎은 화풀이를 해대는 사람이라는 것을 말이다. 그것도 사랑하는 내 아이에게, 약하디 약한 아이에게 그러고 있다니……. 자기 자식을 때리고 학대하는 부모를 보며 쓰레기 같은 인간이라고 생각해 왔는데, 실상 내 마음속도 그와 별반 다르지 않다는 생각에 괴로워졌다. 육아는 그렇게 시시때때로 나의 밑바닥을 들여다보게 했다. 너는 그런 인간이라고, 너의 인성은 고작 그 정도라고 나를 찔러댔다. 그래서 너무 힘들었다.

그럴 때마다 『고함쟁이 엄마』라는 그림책이 생각났다. 책속에서 엄마 펭귄은 화가 나 아기 펭귄에게 버럭 소리를 지른다, 마치 나처럼. 엄마의 고함에 너무 놀란 아기 펭귄의 몸이 산산조각 나서 산과 밀림, 우주로 멀리멀리 흩어져 버렸고 자신의 상처를 혼자 치유할 수 없는 아기 펭귄은 두 다리만 남아 어찌할 줄 모른 채 방황한다. 산산조각이 나 흩어져버린 아기 펭귄을 보고 있으면 아이의 모습이 겹쳐진다. 내가 소리를 지를 때마다 아무 말도 못 하고 얼음이 되어 움직이지 못하던 아이……. 그 모습에 미안하면서도 울컥 화가 나서 더 소리를 질러댔다.

처음 이 그림책을 만났을 때는 너무 힘들었다. 내가 소리를 지를 때 아이는 이렇게 산산조각이 나버리는 구나. 내가 참지 못한 화가 아이에게는 감당할 수 없는 상처가 되는구나. 나는 정말 나쁜 엄마구나……. 조각난 자신의 몸을 되찾기 위해 방황하는 아기 펭귄을 보면서 죄책감은 더 심해졌다. 책을 덮어버리고 싶었다. 그러나 마지막에 아기 펭귄의 조각난 몸을 모아 꿰매고 있는 엄마 펭귄을 보며 비로소 안도할 수 있었다. 아직 늦지 않았다. 비록 나는 때때로 아이에게 상처를 주는 엄마이지만, 그 상처를 아물게 할 수 있는 힘도 가지고 있었다.

물론 아이에게 소리를 지르거나 화를 내지 않는 게 가장 좋은 일이겠지만, 엄마도 완벽한 사람은 아니기에 그게 말처럼 쉽지만은 않다. 그런 우리가 할 수 있는 일은 죄책감에 사로잡혀 힘들어하는 것이 아니라, 아이에게 미안하다고 말할 수 있는 용기를 갖는 것이었다. 아이가 잘못한 것을 떠나 소리를 지르고 상처를 준 것은 엄마의 잘못이라고, 진심으로 미안하다고 말할 수 있는 용기. 너를 사랑하지 않아서가 아니라 엄마도 엄마가 처음이라 그렇다고, 엄마도 아직 어른이 되어가는 중이라서 그렇다고, 나의 부족함을 아이에게 드러낼 수 있는 용기. 그래서 나는 여전히 버럭쟁이 엄마이지만, 사과를 잘하는 엄마이기도 하다. 매번 엄마의 사과를 기꺼이 받아주고, 언제나 엄마를 용서해 주는 아이들 덕분에 나도 부끄러운 나의 밑바닥을 바라보는 일이 조금은 덜 힘들어졌다. 내가 나를 용서하는 법을 배워간다. 그렇게 진짜 엄마가 되어간다.

아이에게 화를 낼 때가 아니어도 종종 '나는 엄마로서 자격이 있는가?'라는 생각이 나를 힘들게 하기도 했다. 요리를 좋아하지 않아서 아이들한테 맛있는 밥도 잘 못 해주고, 그렇다고 재미있게 놀아주는 엄마도 아니고, 똑 소리 나게 교육을 챙기는 엄마도 아닌 나. '이것밖에 안되는 주제에 왜 아이를 낳고 엄마가 되었을까' 자책한 적도 많았다.

부모는 자식을 선택해서 낳았지만, 아이는 부모를 선택하지 않았다는 말이 있다. 돈이 많은 엄마, 언제나 다정하고 따뜻한 한 엄마, 요리도 집안일도 만능인 엄마. 우리 아이에게도 이런 엄마가 필요할 텐데 나는 그런 완벽한 엄마는 아니었으니 언제나 아이에게 미안한 마음이 들었다.

그럴 땐 『내가 엄마를 골랐어!』라는 그림책이 나를 위로해 주기도 했다. 아이가 태어나기 전, 하늘에서 세상을 지켜보며 엄마를 고른다는 내용이다. 아이가 고른 엄마는 실수투성이에 서툴기 그지없다. 하지만 아이가 원한 건 뭐든 완벽한 엄마가 아닌, 자신의 존재를 기뻐해 줄 엄마였다. 엄마가 아이를 보며 기뻐하듯, 아이도 엄마를 보며 기뻐한다. 내가 내 아이를 조건 없이 사랑하는 것처럼 아이도 그렇다고, 엄마가 엄마이기에 그저 좋은 거라고 말해주는 이 책 덕분에 엄마의 자격에 대한 생각에서도 조금씩 자유로워질 수 있었다.

'아이는 잘 키우려고 낳는 게 아니라 사랑하려고 낳는 것이다'라는 말도 있지 않은가. 중요한 건 엄마의 자질이 아니라 사랑하는 마음이다. 엄마를 기쁘게 해주려고 태어난 아이들에게 엄마가 해줄 수 있는 가장 좋은 일은 그 기쁨을 아이와 함께 나누며 살아가는 것이다. 네가 내 아이로 태어나줘서 기쁘다고, 함께 웃으며 즐겁게 살아가면 되는 것이었다.

이렇게 육아를 하며 마음이 무너지는 순간마다 그림책으로 위로를 얻는다. 『너무너무 공주』를 읽고 아이를 있는 그대로 사랑하는 법을 배우고, 『잠깐만 기다려 줘!』를 통해 최고의 육아는 기다려주는 일임을 배웠다. 『조금만』으로 동생이 생긴 아이의 마음을 다독이는 법을 배우고, 『악어 엄마』를 통해 엄마의 역할과 육아 방식은 저마다 다를 수 있음을 배웠다. 참 신기하게도 그림책은 그때그때 나에게 필요한 이야기를 들려주었다. 그것도 죄책감이나 자괴감을 유발하는 방식이 아닌 아주 다정한 목소리로 말이다. 그렇게 나는 오늘도 그림책으로 육아를 배운다.

너의 이름은

 나는 내가 꽤나 멀티플레이가 잘 되는 사람인 줄 알았다. 여러 가지 일이 주어져도 동시에 잘 처리해 낼 수 있는 성능 좋은 사람이라고 생각했다. 그런데 결혼을 하고 아이를 낳고 나서 비로소 내가 어떤 사람인지 직시하게 되었다. 나에게 주어진 역할이 너무 많아지자 과부하가 오면서 오작동을 하기 시작한 것이다. 아니, 오작동이라는 말보다는 나의 한계치를 깨닫게 되었다는 것이 더 올바른 표현인 것 같다.
 집에서는 엄마, 아내, 주부, 딸, 며느리, 여동생, 새언니의 역할을 해야 했고, 직장에서는 과장이자 부팀장으로서 위아래로 살피고 책임져야 할 일들이 늘어났다. 회사를 그만두고 난 이후에는 책방 사장이면서 자영업자, 임차인으로서 해야 할 것들이 많아졌다. 또한 강사이면서 수강생이기도 하고, 어느덧 사회적으로도 성숙한 시민이자 현명한 어른의 역할도 해내야만 하는 나이가 됐다. 나라는 사람은 하나인데 불리는 이름이 많아지자 모든 것이 버겁게 느껴졌다. 할 수만 있다면 분신술을 부려서 가짜 나한테 각각 한 가지씩 역할을 부여하고 싶을 정도다.

그러다가 발견한 책이 『뭐라고 불러야 해?』였다. 그림책 『뭐라고 불러야 해?』의 주인공은 생선인 '명태'다. 이 명태는 사람들이 자신을 부르는 이름이 너무 많다며 투덜댄다. 원래 이름은 '명태'인데 그물에 잡히면 '망태', 낚시로 잡히면 '조태'라는 이름으로 불린다. 수산 시장으로 갔더니 싱싱한 '생태'라고 불렀다가, 꽁꽁 얼려서 '동태'라고 부르기도 한다. 그뿐인가. 황태, 먹태, 백태, 코다리, 북어, 깡태 등등……. 이쯤이면 정말 명태가 불만을 가질 만도 하다. 처음엔 '참 재미있고 기발한 책이네'라고만 생각했었는데, 페이지를 넘길수록 명태와 나의 지금이 자꾸만 겹쳐졌다. 수많은 역할 속에서 허덕이고 있는 내 모습이 보였다.

어떤 이름은 나의 의사와는 관계없이 주어졌고, 어떤 이름은 나의 선택에 대한 결과로 주어졌다. 어떤 이름을 선택했더니 거기에 저절로 덧붙여 따라오게 된 이름도 있고 말이다. 명태가 그러하듯 원래 모든 존재는 단 하나의 이름으로 불릴 수는 없는 법이라고 생각하니 나를 짓누르던 부담감이 조금은 가벼워졌다. 그 많은 역할을 다 완벽하게 잘 해내기란 당연히 어려운 일이다.

결혼을 하게 되었을 때 친정 엄마가 나에게 이런 조언을 해주셨다. 시댁 식구들에게 처음부터 너무 잘하려고 하기보다는 네가 할 수 있는 만큼만 하라고. 너무 잘하려고 하면 금세 지치게 될 거란다. 사실 며느리 노릇보다 딸 노릇을 제대로 하지 못했던 날들이 더 많았는데, 엄마는 항상 서운해하지 않고 괜찮다고만 하셨다. 나보다 먼저 그 이름들을 살아낸 엄마. 엄마는 앞으로 내가 짊어지게 될 이름의 무게를 조금이나마 줄여주고 싶었나 보다. 나도 엄마에게 짐을 덜어줄 수 있는 딸이 되고 싶었는데, 그러려면 아직 먼 것 같아서 언제나 고맙고 죄송한 마음이 든다.

『뭐라고 불러야 해?』에서 마지막에 명태가 이렇게 묻는다.

"너는 나를 뭐라고 부를 거야? 나는 널 뭐라고 불러야 해?"

생각해 본다. 나는 뭐라고 불리고 싶은가. 뭐라고 불렸을 때

가장 행복한가. 그 물음을 계속 곱씹으며 나에게 주어진 이름과 역할들을 찬찬히 들여다보았다. 특별히 지우고 싶은 이름은 없다. (가끔 책방에 온 손님들이 나에게 뭐라고 불러야 하는지 묻는다. 사장님, 대표님, 책방지기님, 점장님, 선생님 등등……. 어떤 호칭도 다 괜찮다. "아줌마!"라고만 안 하면 뭐든 오케이. 언젠가 임차인 대신 임대인으로 불릴 수 있는 날이 온다면 조금 더 행복할 것 같긴 하다.) 반면 동그라미에 별표까지 치고 싶은 이름은 꽤 많다. 중요한 것은 많은 이름들 중에서 나를 웃게 하는 이름들을 발견하고, 진정으로 원하는 이름을 만들어 나가는 것이 아닐까?

'책방 하는 엄마' 지금은 이 이름이 나에게 그러하다. 나를 가장 지치게 하면서도 나를 가장 행복하게 하는 두 가지 역할, 계속 그 이름으로 살아가고 싶다.

엄마의 무게

 그런 날이 있다. 이상하리만치 조용하고 손님이 없는 날. 적막한 서점에 앉아 시간을 보내고 있으면 하루가 참 고요하게 또는 심심하게 느껴지기도 한다. 기쁨이나 슬픔, 즐거움이나 분노 같은 일말의 감정도 없이 그저 잔잔하게 고요하기만 한 시간으로 하루가 전부 채워지는 날이다. 그리고 반대로, 정신없이 사건이 터지고 이런저런 감정이 나를 덮쳐오는 날도 종종 찾아온다. 처음으로 내가 도서관에서 강사로 그림책 수업을 하게 된 그날이 바로 그랬다.

 그 수업은 그림책을 통해 내 안의 부정적인 감정을 들여다보고 그 부정적인 에너지를 삶의 원동력으로 전환할 수 있도록 돕는 그림책 감정 코칭 수업이었다. 강사로서 첫발을 내딛는 자리다 보니 아무래도 꽤나 긴장이 됐다. 수업은 온라인으로 진행하는 비대면 강의였는데, 초보 강사인 것에 비해 수강 신청 경쟁이 꽤 치열했다고 한다. 비대면이라 지역에 상관없이 누구나 신청이 가능하다는 이유가 크기도 했지만, 알고 보니 우리 서점의 SNS 계정을 팔로우하며 꾸준히 소식을 듣고 계시던 분들의 참여율이 높았다.

  기대하는 눈빛들, 화기애애한 분위기 속에 수업은 순조롭게 진행되었다. 긴장감은 금방 사그라졌고 그 자리에는 자신감이 대신 자리를 잡았다. 그렇게 강의 회차가 쌓여가고 수업 분위기도 점점 좋아지니 덩달아 기분까지 좋아졌다. 강의를 마치고 나면 저절로 콧노래가 흘러나왔다. 그러다 그 일이 일어났다. 마음이 너무 들떴던 것일까. 도서관을 나오면서 수업 시간 동안 쌓인 휴대폰 메시지를 확인하다가 발을 헛디뎌 넘어지고 말았다. 나도 모르게 비명이 새어나올 정도로 크게 넘어졌고, 무릎에서는 피가 나고 있었다. 휴대폰을 쳐다보느라 바닥에 턱이 있는 걸 보지 못하고 발을 헛디딘 것이다. 부끄러움은 나의 몫이었다. 누가 볼까 싶어 몸을 일으켜 재빨리 차 안으로 숨었다. 피가 흐르는 무릎도 아팠지만 접질린 왼쪽 발목이 크게 시큰거렸다.

  책방으로 돌아오자 발목 통증은 더 심해졌고 심지어 뜨겁게 열을 내며 부어오르기 시작했다. 조짐이 좋지 않았다. 다음 날 병원에 갔더니 골절이란다. 그렇게 나는 6주 동안 반깁스를 해야 하는 신세가 되었다.

  사실 내 인생에서 골절은 처음 겪는 일이 아니었다. 결혼식을 딱 일주일 앞두고 오른쪽 발등이 골절되는 일이 있었다. (당시에는 남자친구였던) 남편의 생일이라 아침 일찍 근교로 놀러 간다고 나섰다가 계단에서 발을 헛디딘 것이다. 생각해 보면 그때도 마음이 들떠있었다. 그 일로 나는 깁스를 한 채로 웨딩드레스를 입었다. 신부 대기실에선 휠체어에 앉아 있었고, 식이 시작해 신부 입장을 할 땐 목발을 짚은 채였다. 뭐, 덕분에 그 누구보다 인상적인 결혼식을 치를 수 있었다. 물론 신혼여행은 취소할 수밖에 없었다.

  절망적인 상황은 거기서 끝이 아니었다. 결혼식을 올리자마자 별거(?)를 하게 되었으니 말이다. 매일 아침 출근을 해야 하는 남편이 내 수발을 모두 들어줄 수는 없는 노릇이었기에, 결혼식이 끝난 후 나는 다시 원래 살던 집으로 돌아와 요양 생활을 했다. 신혼집에 들어가지도 못하고 본가에서 요양이라니, 처량하게 들릴 수도 있겠지만 사실 그 한 달간의 시간은 생각보다 나쁘지 않았다. 부모님이라는 둥지를 떠나기 전에 마지막으로 실컷 보살핌을 받는 시간이었으니 말이다.

엄마가 해주는 밥을 삼시 세 끼 먹으며 그저 뼈가 붙기를 기다리기만 하면 됐다. 중간중간 병원에 갈 때도 부모님이 항상 데려다 주셨고, 집에만 있는 딸이 답답할까 봐 가끔은 휠체어에 나를 태운 채 산책까지 시켜주셨다. 그 덕분에 골절된 뼈는 수술 없이 자연적으로 깨끗하게 잘 붙었고, 후유증도 전혀 남지 않았다. 시간은 빠르게 흘렀고 한 달이 지나 신혼집에 무사히 입성할 수 있었다.

그 일이 있고 7년 만에 겪는 골절이었다. 그러나 그때와는 상황이 달랐다. 골절된 뼈가 잘 붙으려면 발을 최대한 사용하지 말아야 했다. 특히나 발을 디딘 채 무거운 물건을 드는 행위는 절대 금지다. 골절된 부위에 힘이 가해지면 뼈가 어긋나서 붙지 않을 수 있기 때문이다. 문제는 이제 내가 두 아이의 엄마라는 사실이었다. 결혼식 직전에 다리가 부러져 온 철 없는 딸을 애지중지 돌봐주신 부모님처럼, 이번엔 두 다리 멀쩡

한 내 두 아이들을 다리 부러진 내가 돌볼 차례였다. 내 끼니는 걸러도 아이들 밥은 먹여야 했고, 집안일이 있기에 가만히 쉬고 있을 수만은 없는 상황이었다. 매일 아이들을 등원시켜야 했고, 책방 문을 열어야 했으며, 강의도 하러 가야했다. 물론 병원 진료도 나 혼자 가야 했다.

그나마 왼쪽 발을 다쳤기에 운전을 할 수 있었던 것이 불행 중 다행이었다. 그렇게 계속 다친 발을 땅에 디딜 수밖에 없는 상황이 계속 되었다. 가장 큰 문제는 둘째 아이를 안고 다니는 일이었다. 무거운 건 절대 들면 안 된다고 했는데, 생후 16개월밖에 안 된 아이를 키우다 보면 내 건강에 대해 주의를 주는 의사의 말을 한 귀로 듣고 한 귀로 흘리는 스킬을 가져야 했다. 아이가 걷기 싫다며 안아달라고 하거나, 차에서 내려야 하는데 잠이 들었거나, 졸려서 칭얼대거나 하는 일은 다반사로 일어나기 때문이다. 아, 게다가 우리 집엔 대체 왜 이렇게 계단이 많은 걸까? 모든 게 다 버거운 상황이었다.

엄마가 되기 전, 내 몸 하나만 챙기면 됐던 그때와는 모든 것이 달랐다. 엄마가 된다는 건 그런 것이었다. 아파도 쉴 수 없는, 그래서 되도록 아프면 안 되는 존재. 어떤 상황에서도 아이들의 평범한 일상을 지켜주는 것이 엄마의 역할임을 깨달았다. 다친 발로 아이의 무게를 오롯이 감당해야 했던 그때, 비로소 그것이 바로 엄마라는 이름의 무게라는 것을 느꼈다.

   결국 두 번째 골절은 후유증을 남겼다. 뼈가 제대로 붙지 못한 것이다. 걷는 것 자체에는 별 문제가 없지만, 복사뼈 근처가 시시때때로 쑤셔왔다. 다쳤던 발에 쿡쿡 시린 통증이 찾아올 때면 누군가 나에게 신호를 보내는 것 같다는 생각이 든다. 지금 엄마로서 꼭 해야 할 일들을 놓치고 있지는 않은지, 일에 쫓겨 아이들의 마음을 다치게 하고 있는 건 아닌지 점검해 보라는 신호 말이다. '일도 좋지만 어떤 상황에서도 네가 엄마라는 사실을 잊지 마!'라며 나를 쿡쿡 찌르는 것 같다고나 할까.
   조용한 서점에 앉아 지는 해를 바라보며 차나 마시며 여유를 부리고 싶은 순간에도 복사뼈의 통증은 내가 절대 조용히 쉴 수 없는 엄마라는 사실을 상기시켜 준다. 아이들과 함께라면 고요함이나 고독 같은 감정은 사치일지도 모른다. 하지만 목발을 짚으며 신부 입장을 하던 그날의 나를 바라보던 엄마 아빠를 생각하면, 나도 이제 그만 아이들이 기다리는 집으로 돌아가야 할 시간이라는 걸 깨닫는다. 아이들의 밤엔 엄마의 체온과 숨소리가 필요하니까.

매일 고군분투하는 세상 모든 엄마를 위한 그림책 추천

내가 고양이를 낳았나 글 천미진·그림 간장 | 다림

아이가 말썽을 부리고 엉뚱한 짓을 하면 내가 고양이를 낳았나, 강아지를 낳았나, 아니면 원숭이를 낳았나 싶을 때가 있다. 어떨 때는 천사 같고, 또 어떨 때는 외계인 같은 내 아이. 육아는 너무나 힘들고 고된 일이지만, 그럼에도 세상에 태어나 가장 잘한 일은 바로…… 너를 낳은 일!

마음여행 글·그림 김유강 | 오올

정신없이 아이를 키우다 보면 어느 날 문득 내가 사라진 것 같은 기분이 들 때가 있다. 마음 한구석이 텅 빈 것 같은 기분이 들 때가 말이다. 이 책과 함께 잃어버린 마음을 찾아 떠나보자. 그 여행의 끝에서 어쩌면 우리는 잃어버린 것보다 더 커다란 걸 발견하게 될지도 모른다.

어느 날 갑자기 글·그림 하수정 | 길벗어린이

첫아이가 태어나고 나는 매일 무서웠다. 내 배 속에서 나온 그 작은 아이 하나 어쩔 줄 몰라 한없이 작아졌던 나. 지금 되돌아보면 그때가 참 눈물겹게 소중한 시간이었다고 느껴진다. 모든 것이 서툴던 초보 엄마 시절, 우리는 그렇게 엄마가 되어간다.

엄마는 달린다 글 이수연·그림 밤코 | 발견(키즈엠)

한밤중 너의 울음소리에 달려가고, 서툰 걸음마에 혹시 넘어지진 않을까 달려가고, 세상 모든 것이 궁금해 바쁘게 뛰어다니는 너를 따라 달려간다. 그 모든 순간이 사랑이었음을 너는 알까? 육아는 마라톤, 오늘도 열심히 달리는 엄마들에게 위로와 응원을 전하는 그림책이다.

엄마는 모를걸? 글·그림 심은지 | 봄별

아이의 마음도 모르고 폭풍 잔소리를 쏟아내는 엄마. 그런 엄마의 말들에 짓눌려 아이는 콩알만큼 작아진다. 이때다 싶어서 아이는 엄마 모르게 마음껏 장난을 치고 말썽을 부린다. 그런데 정말 엄마는 모를까? 아니, 엄마는 다 안다. 그리고 엄마의 그 마음을 아이도 다 안다.

엄마는 언제나 나를 사랑하나요? 글·그림 은희 | 봄봄출판사

아이들은 언제나 엄마에게 사랑을 확인받고 싶어 하지만 이건 엄마도 마찬가지다. 아이에게 화를 내거나, 어쩔 수 없이 혼을 내거나, 아이가 원하는 걸 해주지 못할 때 엄마도 아이의 마음이 궁금해진다. 혹시 이런 엄마가 밉지는 않을까? 진실이 알고 싶다면 지금 서로의 마음을 확인해 보자.

엄마 도감 글·그림 권정민 | 웅진주니어

처음부터 엄마인 사람은 없다. 아이가 태어났을 때 비로소 엄마도 태어난다. 아기의 시점에서 엄마의 생후 1년을 연구하고 기록한 이 책은 육아의 현실을 담고 있어 재미있다가도 코끝이 찡해진다. 지금도 어디선가 혼자 고군분투하고 있을 '신생 인류' 엄마들의 안녕을 빌어본다.

월요일 아침에 글·그림 문지나 | 웅진주니어

가뜩이나 피곤한 월요일 아침, 속절없이 비는 내리고 아이는 학교 가기 싫다고 투정 부린다. 게다가 아침 식사 준비 중에 바닥에 계란이 떨어져 깨지고 실수가 이어진다면 어떨까? 정신없는 한 주의 시작, 복잡한 마음은 잠시 내려놓고 기분 좋은 상상에 빠져보자. 그렇게 또 하루 힘내보자.

참 잘했어요, 엄마 펭귄! 글·그림 크리스 호튼 | 비룡소

엄마 펭귄이 아기 펭귄에게 줄 먹이를 구하기 위해 위험천만한 길을 떠났다. 그러나 언제나 믿음과 응원을 보내주는 가족들이 있기에 엄마 펭귄은 고난을 이겨내고 집으로 돌아올 수 있었다. 아이를 키우며 마주하게 되는 힘든 순간마다 이 말을 떠올려보자. "참 잘했어요!"

콧물 눈물 글 채인선·그림 박서현 | 한림출판사

아이에게 맛있는 간식, 예쁜 옷, 좋은 장난감 다 사주고 싶은 것이 부모 마음이다. 그러나 부모가 아이에게 줄 수 있는 가장 귀한 것은 그런 것이 아니라 사랑의 말일 것이다. 자꾸만 사랑을 확인하고 싶어 하는 아이에게 백 번 만 번 들려주자. 언제나 변함없이 널 사랑한다고.

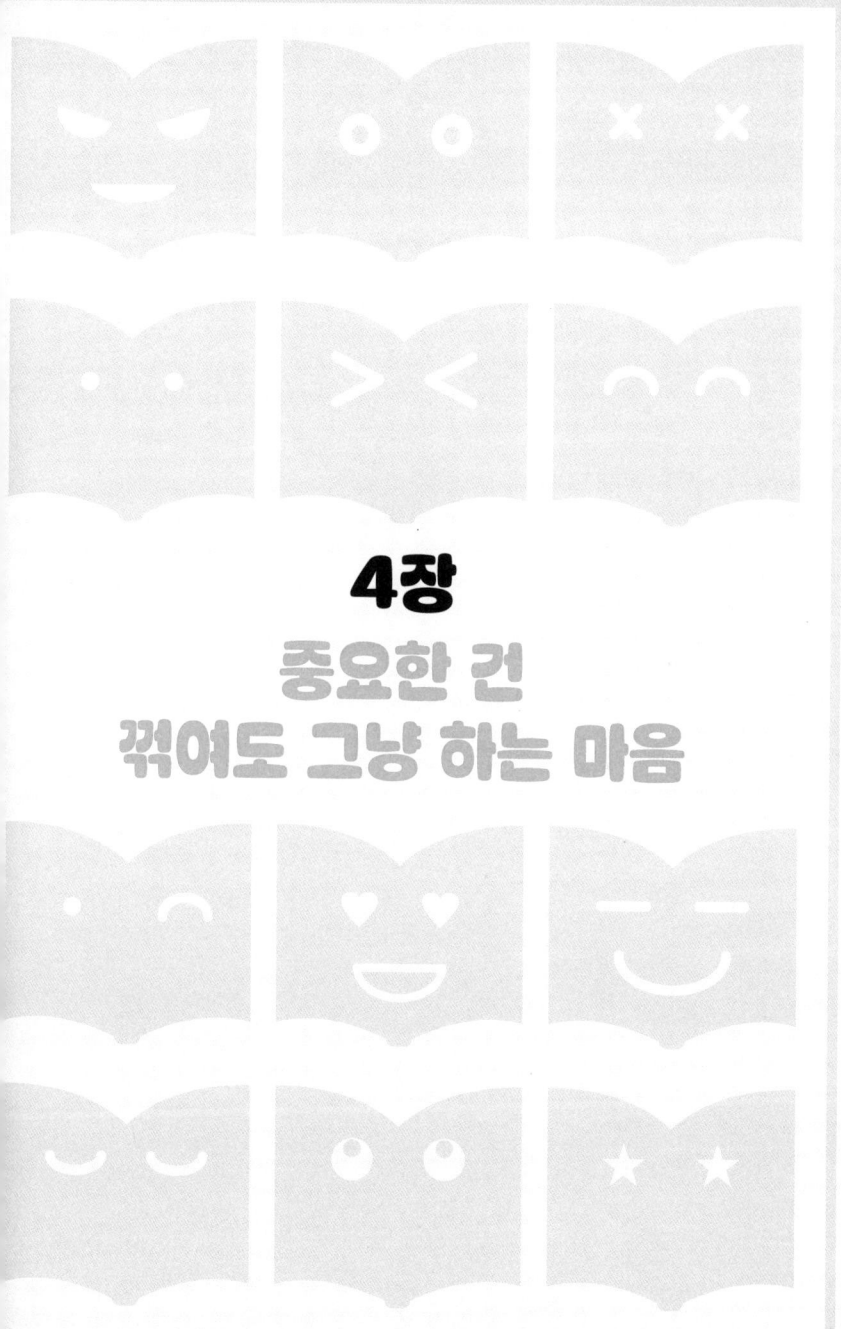

4장
중요한 건 꺾여도 그냥 하는 마음

빗물과 눈물

 2020년 여름은 역대급 장마로 기록적 폭우가 내렸던 때다. 그해는 전국적으로 인명 피해도 많았을 정도로 비가 많이 왔다. 안 그래도 코로나19 바이러스로 인해 자영업자들의 상황이 좋지 않았는데 날씨마저 도와주지 않았다. 그렇게 지겹도록 비가 내리던 어느 날, 아이와 함께 책방으로 출근을 했는데 책방 바닥에 물이 흥건하게 고여 있었다. 이게 무슨 일인가 싶어서 물이 어디서부터 흘러 나왔나 살펴보니 카페 조리대 쪽에 있는 제빙기 아래에서부터 시작된 듯싶었다.

 처음엔 제빙기가 고장이 났다고 생각했다. 아이를 침대에 내려놓고 우선 대충 물부터 닦아내고 A/S 기사님을 불렀다.

한참 제빙기를 살펴보시던 기사님이 제빙기는 문제가 없다고 하셨다. 아무래도 제빙기 뒤쪽 벽에서 빗물이 새어 들어오는 것 같아 보인다는 것이다. 우리 책방은 앞쪽에서 보면 1층이었지만, 조리대가 설치되어 있는 벽 쪽은 뒷건물의 지하면과 맞닿아 있는 지층 구조였다. 하필 조리대가 뒷벽에 고정 설치되어 있는 바람에 조리대를 완전히 뜯어내지 않으면 누수 여부를 확인하기 어려운 상황이었다. 상가 임대인에게 연락해서 벽에서 비가 새는 것 같다고 말했다. 임대인은 알았다며 곧 확인해 보겠다고 했다. 다음 날 아침에 출근하니 또 어제처럼 바닥에 물이 흥건하게 흘러나와 있었다. 우는 아이를 등에 업고 또 물청소를 했다. 제빙기 사용을 중지했는데도 물이 또 새어 나온 걸 보니 아무래도 정말 누수가 맞는 것 같았다. 물은 그렇게 닦아내고 닦아내도 계속해서 흘러나왔다.

처음 임대인에게 연락을 하고 이틀 뒤 쯤 상가 관리 담당자가 책방에 왔다. 대충 들여다보더니 조리대를 뜯어내서 확인해 봐야겠다고 하며 곧 다시 사람을 보낼 테니 기다리라고 했다. 그 사이에도 계속 흘러나오는 물을 100일 된 아이와 함께 치우는 것이 쉽지가 않았다. 낮에는 매일 친정 오빠가 와서, 밤에는 남편이 와서 물청소를 해줬다. 그렇게 일주일 정도 지낮을 무렵에서야 조리대를 뜯어낼 수 있었다. 벽에서 빗물이 새어나오는 게 맞았다. 그렇지만 비가 그쳐야 누수 공사를 할 수 있다며 또 기다리라고 했다. 어쩔 수 없는 상황이니 믿고 기다릴 수밖에 없었다.

그렇게 계속 시간은 흘러갔다. 조리대는 다 뜯겨져 있고, 그 위에 올려놓았던 커피머신과 그라인더 등도 해체해서 다른 곳에 옮겨놓은 상태라 책방은 마치 이사하는 날처럼 어수선했다. 손님들을 맞을 만한 상황이 아니어서 누수 공사가 끝날 때까지는 휴업을 할 수밖에 없었다. 그칠 줄 모르고 내리던 비가 드디어 멈추고, 누수 공사를 해주겠다며 사람이 찾아왔다. 방수 페인트를 한 통 가져와서 누수가 의심되는 곳에 쓱쓱 발라 주더니 다 됐다고 했다.

'이게 뭐지? 이게 끝인가? 이러면 비가 정말 더 이상 새지 않는 건가?'

의구심이 들었지만 더 이상 특별히 해줄 것은 없단다. 그렇게 누수가 발생한 지 3주가 지나고 나서야 다시 정상 영업을 할 수 있었다. 손해가 이만저만이 아니었다. 제대로 매장 영업을 못 한 것은 물론, 조리대는 떼어냈던 부분이 다 들떠서 망가지고, 물에 계속 젖었던 책장에도 곰팡이가 피었다. 커피머신 등을 해체했다가 다시 설치하는 비용도 만만치 않았다. 그나마 책 피해가 거의 없었던 걸 다행으로 여겨야 했다. 누수인 것이 확인되면 임대인이 책임을 지겠다고 했기 때문에 그간의 피해에 대한 보상을 요구했다. 그랬더니 천재지변에 의한 것이라 보상 책임이 없다는 답이 왔다.

비가 유난히 많이 온 것은 맞지만, 근처에 있는 다른 상가는 누수 피해가 없고 우리 책방만 비가 샌 거니 단순히 천재지변 핑계만 댈 일은 아니었다. 작은 성의라도 보여주길 바랐지만, 임대인은 보상을 요구하는 내가 괘씸했는지 실력 행사를 하기 시작했다. 대뜸 재계약을 할 건지 물어왔다. 재계약을 하게 되면 임대료를 5퍼센트 올리겠단다. 그리고 재계약을 하지 않으면 다음 임차인에게는 임대료를 지금보다 50퍼센트 더 올리겠다고 했다. 코로나로 자영업자 폐업이 줄을 잇는 지금 누가 그렇게 비싼 임대료를 내고 들어온단 말인가. 내가 권리금을 내고 들어온 걸 뻔히 알면서도 그런 얘기를 한다는 것은 재계약하지 않으면 권리금도 못 건지고 나갈 각오를 하란 뜻이었다.

아, 이런 게 갑질이구나. 그때가 재계약을 3개월 앞둔 시기였다. 아마 이 사건이 터지지 않았다면 계속 그 자리에서 책방을 이어나갔을 것이다. 이전을 한다는 생각을 그때는 전혀 안

하고 있었기에 화가 나고 억울하고 다 때려치우고 싶어졌다. 내가 이런 꼴을 당하려고 퇴사하고 책방을 차렸나, 신생아 데리고 출퇴근하면서 노력한 결과가 고작 이런 것이었나……. 그냥 주저앉아 울고 싶었다.

그러나 밟힌다고 그냥 고개를 숙일 수는 없다. 여기서 멈출 수는 없다. 남편과 상의 끝에 지금 당장 손해를 보더라도 책방을 이전하는 걸로 결정했다. 임대인에게 재계약을 하지 않겠다고 통보했다. 혹시 몰라서 새로운 임차인을 구해봤지만 역시나 매장을 넘겨받을 사람은 찾지 못했다. 아무래도 누수가 있던 곳이기도 하고, 임대인이 어떤 사람인지도 다 알아버리고 말아서 뭔가 적극적으로 이 상가를 선택하라고 권하기 미안한 마음도 있었다. 그냥 권리금을 포기하기로 하고, 책방에서 팔 수 있는 집기들을 중고로 판매해 이사 비용을 마련했다. 거의 1,000만 원 정도는 손해를 본 것 같다. 그래도 더 이상 이곳에서 책방을 할 순 없었다. 그렇게 책방은 2년 만에 다른 곳으로 이전을 하게 되었다. 그야말로 다사다난한 해였다.

그리고 예전 책방이 있던 상가에는 몇 달 뒤에 신점 타로 카페가 들어왔다. 한동안 영업을 이어나가는 듯싶더니 1년쯤 되었을까 그곳에 크게 '임대'라는 현수막이 붙었다. 근처 다른 가게 사장님께 전해들은 이야기로는 매장에 누수가 발생했는데 임대인이 제대로 처리해 주질 않아 화가 나서 카페를 접기로 했다는 것이다.

'그렇게 부실하게 처리하더니 결국 또 누수가 발생했구나. 그 임대인은 바뀐 게 하나도 없네.'

이런 생각과 함께 남의 앞날을 점쳐주는 사람도 자기 앞날은 모르는 거구나 싶어서 쓴웃음이 나왔다. 미리 귀띔이라도 해줄 걸 그랬나…….

새로운 시작

책방 이전을 마음먹고 본격적으로 상가를 알아보고 다녔다. 처음 상가를 알아볼 때와는 조금 기준이 달라졌다. 우선은 꼭 1층이 아니어도 상관없었다. 동네 책방은, 특히 그림책방은 오다가다 우연히 들르는 사람보다는 관심이 있어서 일부러 찾아오는 이들이 많았기에 꼭 1층이 아니어도 올 사람은 오고 안 올 사람은 안 온다. 1층을 포기하고 임대료를 지금보다 낮출 수 있다면 그쪽이 더 나을 것 같았다. 대신 주차가 편한 곳이어야 한다. 동네 특성상 대중교통보다는 자차를 이용하는 사람들이 많으니 주차는 필수다. 지금 상가는 손님들이 주차할 곳이 부족해서 항상 문제였기에 이 부분은 아주 중요한 조건이었다. 매장은 지금보다 작아도 괜찮을 것 같았다. 코로나로 매장 손님이 줄기도 했고, 이제 카페는 하지 않을 생각이라 기존보다 평수가 줄어도 책방으로만 운영하기에는 충분할 것이라 생각했다. 그런 조건으로 부동산에 가보고 포털 사이트에서 검색도 해보았지만 눈에 들어오는 곳이 없었다. 코로나로 폐업하는 가게가 늘어나 공실 상가가 많다고 듣기는 했지만, 그렇다고 임대료가 낮아지진 않았다.

상가를 동네에서만 알아보다 안 되겠다 싶어서 좀 더 먼 곳까지 눈을 돌리게 되었다. 그러다 친정 식구들이 살고 있는 아파트 상가에 엄청 저렴한 임대 매물이 올라온 것을 보았다. 지금보다 평수가 더 넓은데도 임대료는 비교적 낮은 편이라 직접 눈으로 확인해 봐야겠다고 생각했다. 그랬더니 역시나 허위 매물이었다. 그래도 공실은 있으니 온 김에 상가를 좀 둘러봤다. 물론 허위 매물을 올린 부동산 말고, 다른 부동산에 가서 상담을 했다. 12평짜리 상가와 15평짜리 상가가 있었는데 아무래도 12평은 좀 작아 보였고, 15평짜리가 마음에 들었지만 임대료가 좀 비싼 듯싶었다. 임대인에게 월세를 10만 원만 낮춰줄 수 없는지 물어봤더니 공실로 계속 두면 됐지 월세는 절대 깎아줄 수 없다는 답이 돌아왔다. 벌써 2년 동안 빈 상가였는데도 말이다.

 그 말을 듣고 15평 상가는 마음을 접기로 했다. 지난 누수 사건을 겪으면서 느낀 것이 하나 있는데, 상가를 고를 때 임대인의 인성도 고려해야 한다는 점이다. 내가 책방에서 한 달 내내 열심히 일해서 번 돈은 월세를 내고 나면 다 사라져 버리기 일쑤다. 어떤 날은 내가 임대인에게 월세를 벌어다 주려고 일하는 사람이 아닌가 싶은 적도 있다. 아무튼 내 피 같은 돈을 아무에게나 주고 싶진 않았다. 책방을 좋아해 주고, 임차인에 대한 배려가 있는 사람이어야 그 돈이 아깝지 않을 것 같았다.

 그럼 12평 상가만 남았는데 자꾸만 공간이 작다는 생각이 들어서 망설여졌다. 그래도 여기에서 책방을 한다면 친정 식구들의 도움을 받을 수 있다는 장점이 있었다. 그건 매우 중요한 포인트였다. 오죽하면 역세권보다 처세권이라는 말이 나왔을까. 공간은 작았지만 위치적으로는 지난번 상가보다 나쁘지 않았고, 적당한 임대료에, 무엇보다 아파트 주차장을 사용할 수 있어서 주차 걱정은 전혀 안 해도 된다는 것이 매력적이었다. 어차피 둘째가 태어난 지 얼마 되지 않았고, 코로나 사태도 언제 끝날지 모르니 너무 욕심내지 말고 해봐야겠다는 결론에 이르렀다. 임대인 또한 책방이 들어오는 걸 환영해 주고,

이곳에서 오래 했으면 좋겠다며 넌지시 임대료 인상은 없을 거라는 뜻을 내비쳤다. 다행히 좋은 사람을 만난 것 같아 책방 이전에 대한 불안한 마음이 사그라들었다. 근근넝넝의 시즌 2가 시작된 것이다.

부랴부랴 이사 업체를 알아보고 간판도 새로 맞추고 가구 배치를 어떻게 해야 하나 고민에 고민을 거듭했다. 새롭게 필요한 냉난방기와 싱크대 등도 구입하다 보니 또다시 지출이 발생하게 되었다. 이전을 하지 않았더라면 안 써도 될 돈이라 아까웠지만 어쩔 수 없었다. 임차인의 설움과 세상의 쓴맛을 알게 된 수업료로 생각하기로 했다. 나중에 혹시라도, 정말 혹시라도 건물주가 된다면 나는 절대 그런 임대인이 되지 말아야지. 이런 야무진 다짐도 해본다.

집과는 차로 25분 이상 걸리는 거리였기에 첫째도 유치원을 책방 근처로 옮겨야 했다. 다행히 자리가 남은 유치원이 있어서 상담을 받고 바로 입학 절차를 밟았다. 그렇게 분주한 날들을 지나 드디어 책방 이사를 마쳤다. 뒤죽박죽 꽂혀있는 책들을 보고 있자니 어디서부터 손을 대야할지 몰라 한숨이 절로 나왔다. 친정에 아이를 맡길 수 있어서 다행이었지, 아기 띠까지 한 채로 책 정리를 했다면 쓰러졌을지도 모른다.

그렇게 우리 서점은 2주 정도 정리의 시간을 갖고 재오픈을 했다. 손님이 아무도 안 오면 어쩌나 했는데, 오픈 첫날을 일부러 기다렸다가 찾아온 예전 손님들 덕분에 외롭지 않을 수 있었다. 카페 없이 책만 가득한 공간을 어떤 분들은 더 좋아해 주시기도 했고, 또 어떤 분들은 낯설어 하시기도 했다. 아파트 입주민들은 상가에 새로 생긴 공간이 책 대여점인 줄 알고 찾아왔다가 서점이라고 하니 발길을 돌리기도 했다. 카페를 같이 할 때보다 드나드는 사람은 줄었지만, 대신 책방에 들어오는 사람은 대부분 책을 살 목적이 분명했기 때문에 오히려 사람에 대한 스트레스는 덜했다.

작아진 공간에 대한 아쉬움이 없었다면 거짓말이겠지만 결론적으로 이전은 좋은 선택이었다. 친정 식구들의 도움은 내가 일하는 데 큰 힘이 되었고, 친정집이 걸어서 2분 거리인 덕에 아이들도 매일같이 할아버지 할머니의 사랑을 느낄 수 있어서 좋았다. 이전하고 반년 뒤쯤엔 걸어서 3분 거리에 있는, 단지 내 평판 좋은 국공립 어린이집에 둘째 아이를 보내게 되는 행운도 생겼다. 첫째는 책방 앞에서 등하원 차량을 타고 내리며 유치원에 다녔다. 어린아이를 키우는 워킹맘으로서는 이보다 좋을 수 없었다. 직장 어린이집을 보유한 대기업 부럽지 않은 근무 환경이었다. 그동안은 거의 혼자서 고군분투하며 책방을 꾸려왔다면, 이제는 든든한 버팀목이 생긴 기분이었다.

처음 책방 창업을 준비할 때는 오히려 두려움이 없었는데, 책방의 현실을 느낄 만큼 느껴본 지금은 또다시 손해를 감수하며 새롭게 시작한다는 게 겁이 많이 났다. 중요한 건 꺾이지 않는 마음이라고 했던가. 그런데 모 연예인이 말했던 것처럼 중요한 건 '꺾이지 않는 마음'이 아니라 '꺾여도 그냥 하는 마음'이었다. 꺾여도 두려워도 겁이 나도 그냥 하는 마음이 내가 책방을 계속 이어올 수 있었던 가장 큰 힘이다. 딱히 대책은 없지만 그냥 한다. 길이 없어도 걷다 보면 생기는 게 길이니까. 그렇게 다시 시작해 본다.

서로가 서로에게

나는 시장 골목에서 자랐다. 부모님은 옷 가게를 하셨고, 우리 앞집은 과일 가게, 옆집은 이불과 한복을 파는 가게였다. 슈퍼마켓, 문방구, 그릇 가게, 정육점, 지물포, 철물점, 약국, 떡집, 미용실……. 우리 골목엔 없는 게 없었고, 서로가 서로의 가게에서 필요한 물건을 샀다. 그땐 그게 당연했다. 지금처럼 온라인 쇼핑과 배달 문화가 발달하지 않았으니 말이다. 우리는 서로의 손님이자 이웃이었고, 그렇게 당연한 듯 서로 상생하며 살아갔다. 그래, 상생……. 회사를 다닐 때는 그다지 와닿지 않았던 이 단어가 동네에서 자영업을 하게 되자 달리 느껴지기 시작했다. '상생'이라는 키워드는 나를 로컬문화에 관심 갖게 만들었고, '지역경제 활성화'라는 거창한 주제에 대해 고민해 보게 만들기도 했다.

동네 책방에서 책을 사면 좋은 이유를 말해보라고 하면 당연히 이것저것 이야기할 수 있지만, 사실 온라인이나 대형 서점에서 책을 사는 행위를 나쁘다고 할 순 없다. 책을 사지 않고 빌려만 보는 사람들도 탓할 수 없다. 나 역시 도서관 다니는 걸 좋아했고, 책방을 하기 전에는 대부분 온라인 서점을 이용해 책을 구매했다. 우리 동네에는 책방이 없었다고 변명할 수도 있지만, 그 이유보다는 그게 더 알뜰하고 현명한 소비 생활로 느껴졌기 때문이다. 동네에 있던 가게가 폐업을 해도 그건 관심 없는 남의 일이었고, 나는 우리 집 가계부만 챙기면 그만이었다.

우리 동네에 있다는 이유 하나만으로 당연히 그곳을 이용하던 시절은 사라졌다. 그러니 우리 동네 사람들이 우리 책방에서 책을 사지 않는다고 뭐라고 할 수 없는 노릇인 것이다. 그게 당연한 세상이 되어버렸으니까. 그럼에도 불구하고 굳이 일부러 우리 책방에서 책을 사는 분들이 있다. 요즘 세상에 당연하지 않은 일을 당연한 듯 하는 사람들이다. 그런 사람들을 마주할 때면 나도 무언가 그들에게 도움이 되는 사람이 되고 싶어진다. 함께 잘 살고 싶어진다.

　나는 내 나름대로의 지역 상생 활동을 시작하기로 마음먹었다. 1단계는 '가까이 있는 상점 이용하기'다. 편의점, 카페, 식당, 정육점, 반찬 가게, 미용실, 학원 등 이왕이면 책방 가까이에 있는 곳을 주로 이용하는 것이다. 그분들이 우리 책방 손님이든 아니든 상관없이 나 먼저 골목상권을 이용하면서 우리 동네 소상공인들의 안녕을 빌어본다.

　2단계는 '책방 손님들의 손님 되어주기'다. 우리 책방에 손님으로 오시는 분들 중에 자영업이나 개인 사업을 하시는 분이 있다면 나 역시도 그들의 손님이 되어준다. 꽃집을 운영하는 분께는 매달 2회씩 책방 포토존에 놓을 꽃 구독을 신청했고, 보험설계사를 하시는 분께는 가입하려고 고민 중이었던 보험도 가입했다. 내가 필요한 것들을 우리 책방 손님들을 통해 구매하니 더 믿을 수 있고, 작게나마 도움을 줄 수 있어서 좋았다.

　3단계는 '지원 사업 적극 활용하기'다. 아무래도 책방이다 보니 손님들 중에는 책을 매개로 경제 활동을 하는 분들이 꽤 많았다. 보통 그런 분들이 책방 손님들 중 가장 큰손이기도 하다. 그분들께도 무언가 보답하고 싶었지만 월세 내기도 빠듯한 책방의 주머니 사정이 문제였다. 그래도 방법은 있다. 지원 사업에 선정되면 책방지기가 문화 활동을 자유롭게 기획할 수 있다. 그럴 때 책방 손님인 강사나 지역 작가분들께 러브콜을 보낸다. 내 입장에서는 북토크부터 글쓰기 워크숍, 영어 그림책 수업, 그림책 원예 테라피 등 다양한 문화 활동을 책방에서 진행할 수 있어서 좋고, 그분들 입장에서는 강사비를 받을 수 있어서 좋다. 그야말로 윈윈이다.

4단계는 요즘 들어 시도해 보고 있는 '공간 나누기'다. 내가 금전적으로 보답을 하는 것은 한계가 있기 때문에 대신 책방이라는 공간을 공유하는 형태로 도움을 주는 것이다. 재능이 있는 데 자신의 공간을 가지고 있지 않아서 무언가 해볼 기회가 없는 분들께 무료로 책방 공간을 사용하게 해준다. 이곳에서 수업을 해도 좋고, 모임을 가져도 좋다. 그 덕분에 우리 책방의 존재를 몰랐던 사람이 이곳을 방문하게 된다면 나에게도 좋은 일 아닌가. 또 책방 공간을 빌려주는 것만으로 누군가가 재능을 펼치고, 자신의 꿈에 다가서는 계기가 될 수 있다면 그 또한 나에게는 뜻깊은 일이 될 것이다.

경제는 갈수록 어려워지고 있고, 책 팔아서 먹고 살기는 점점 더 쉽지가 않다. 그래도 동네 책방이어서 다행인 이유는 손님이 그저 손님이 아닌 나의 이웃이라는 사실이다. 서로가 서로에게 보탬이 되고자 하는 마음이 결국 우리 모두를 살리지 않을까? 그런 마음으로 오늘도 책방 손님들의 행복을 빈다. 몸도 마음도 주머니도 행복해진 그들이 또 반갑게 웃으며 책을 사러올 것을 기대하며.

매일 꾸준히 하는 일

 서점업에 대해서도, 그림책에 대해서도 경험과 지식이 거의 없는 상태에서 책방 일을 시작해서 그런지 스스로 부족하다는 생각을 자꾸만 하게 된다. 물론 경험은 시간이 지나면 쌓일 테고, 지식은 계속 공부하다 보면 채울 수 있을 것이다. 그것보다 내가 더 부족하다고 느끼는 부분은 내가 선택한 일에 대한 애정과 진정성이었다.

 보통 그림책방을 하는 분들을 보면 예전부터 그림책을 좋아해서 그림책과 관련된 활동을 해오다가 결국 책방 창업까지 하게 되는 경우가 많다. 말했다시피 나는 그런 케이스가 아니었다. 또 책방 창업도 오래 준비하고 고민해서 하시는 분들이 많은 반면, 나는 어느 날 갑자기 하고 싶다는 생각에 짧은 고민을 끝내고 뚝딱 책방을 차려버렸다.

그렇다 보니 누군가는 나를 그림책도 잘 모르면서 팔고 있는 사람으로 여길 수도 있고, 우리 책방을 쉽게 생겨났다가 쉽게 사라질 공간으로 여길 수도 있다. 그렇게 생각한다고 해도 어쩔 수 없는 일이다. 솔직히 처음부터 그림책이 좋아서 시작한 일도, 책방지기를 평생의 업으로 생각해서 시작한 일도 아니니까. 다만 시작이 그랬다는 것일 뿐, 지금도 그렇다는 것은 아니다. 지금은 누구보다 그림책을 좋아한다고 당당히 말할 수 있고, 책방 일도 가능하다면 할머니가 될 때까지 하고 싶다. 어쨌든 '나는 지금 이 일을 진짜 좋아하는 마음으로 하고 있다'라는 것을 나에게도, 다른 이에게도 증명할 필요성이 있었다.

그래서 시작한 일이 SNS에 1일 1 그림책 추천글을 올리는 일이다. 책방을 오픈하고 3일 차부터 그림책 추천글을 올리기 시작했다. 그 당시 나는 그림책 초보여서 뭐 하나 특별히 내세울 것도 없었고, 그렇다면 꾸준히 그림책 소개라도 해야겠다 싶었다. 말하자면 책방지기로서 뭐라도 해야 하는데 딱히 할 수 있는 게 없어서 꾸준함으로 승부해 보고자 한 것이다. 어쨌든 책을 소개하는 일은 책방지기의 의무이기도 하지 않은가. 그림책을 잘 모르면 모르는 대로, 그냥 초심자의 눈으로 내가 봐서 좋았던 그림책들을 하나하나 소개했다.

신간, 고전 상관없이 내 마음에 들어오는 책이라면 소개했다. 어차피 오래전에 나온 그림책도 그 당시 나에겐 대부분 처음 접한 책이라 모두 신간이나 마찬가지였다. 수준 높고 전문적인 글을 쓸 능력도 없었기에 그냥 편하게 독서 일기처럼 써 내려간 그림책 소개글이었는데, 생각보다 좋아해 주시는 분들이 많았다.

우리나라 엄마들이 전집 그림책을 선호하는 이유 중 하나가, '단행본은 종류가 너무 많아서 뭘 읽혀야 할지 고르기 어렵다'는 것이었는데 매일 한 권씩 꾸준히 소개해 주니 그림책을 선택하는 데 도움이 된다는 것이었다. 내가 꽤 평이한 취향이기도 하고, 아이를 키우고 있는 엄마라는 점이 추천 도서에 대한 공감을 불러일으켰다. 추천하는 책들은 순전히 나의 선택으로 정해진다. 출판사에서 샘플북을 보내준다고 무조건 소개하진 않는다. 내 마음에 들어온 그림책, 그날그날 내 일상과 닿아 있는 그림책들을 소개하는 편이다.

나는 보통 추천글을 육아가 끝난 밤에 침대에 누워 휴대폰으로 써서 올리는데, 글이 그리 길지 않아서 금방 쓸 것 같지만 생각만큼 뚝딱뚝딱 써지는 건 아니다. 어떤 날은 15~20분 정도 만에 쓰기도 하고, 어떤 날은 한 시간이 넘도록 글을 지웠다 썼다 반복하기도 한다. 어쨌든 누가 알아주든 말든 이걸 매일 올리기로 한 것은 나와의 약속이기에 아무리 졸려도, 심지어 쓰다가 깜빡 졸아서 휴대폰을 얼굴에 떨어뜨려도 빼먹지 않고 추천글을 올렸다.

시아버님의 장례 기간, 아이가 한밤중에 다쳐서 응급실 간 날, 출산 휴가 기간과 가족 여행을 갔을 때 등을 제외하고 6년 동안 한 번도 빼먹지 않고 올렸더니 어느덧 2,000개가 훌쩍 넘도록 추천글이 쌓였다. 그와 함께 나의 그림책 추천글을 보고 싶어 하는 사람들도 늘어났다. 덕분에 작은 동네 책방에 불과한 우리 책방은 1만 명이 넘는 꽤 많은 팔로워 수를 보유하게 되었다. 아이들에게 읽어줄 그림책 정보를 찾는 엄마들, 수업에 그림책을 활용하고자 하는 선생님들이나 학원 관계자들에게 나의 그림책 추천글은 꽤 유용한 정보였나 보다.

안타깝지만 팔로워가 늘어난다고 그것이 책방의 매출로 이어지는 것은 아니다. 대부분은 나의 추천글을 보고 도서관에서 빌려 보거나, 할인과 적립이 되는 인터넷 서점에서 산다는 것을 알고 있다. 그 사실이 종종 마음을 헛헛하게 한다. 팔로워 수는 1만 명이 넘는데 책방엔 오늘도 단 1명의 손님도 오지 않으니, 팔로워 수와 실제 손님 수의 간극이 넓어질수록 괴리감에 의욕이 떨어지는 날도 있었다. 그래도 이 일을 멈추지 않는 건 이런 분들이 있기 때문이다. 내가 추천했던 책들 중 마음에 드는 책의 제목을 종이에 적어 직접 우리 책방에 찾아와 사 가는 분들, 먼 곳에 계셔서 직접 방문할 수는 없지만 스마트스토어를 통해 책을 주문해 주는 분들 말이다. 좋은 책을 소개받았으니 그곳에서 책을 구매하고 싶다며 택배 주문을 넣어주는 분들을 만날 때면, 얼굴 한 번 본 적 없지만 그 따뜻한 마음만은 온전히 전해지는 것 같아 고맙고 힘이 난다.

그림책 추천글 쓰기 말고 또 하나 내가 매일 하고 있는 일은 서가의 책 진열을 바꾸는 일이다. 책 진열을 바꾸는 것은 책방지기라면 당연히 해야 하는 일이지만, 뒷전으로 미루기 쉬운 일이기도 하다. 우리 책방은 작은 책방치고는 꽤 많은 책을 보유하고 있는 편이라 모든 책을 표지가 잘 보이도록 전시해 둘 수 없다. 그래서 책장에 꽂혀 책등만 내보이는 책들이 엄청 많고 책 표지가 보이게 전면으로 진열되는 책은 전체 소장 도서의 10퍼센트도 되지 않는다. 아무래도 책등으로 꽂혀 있는 책들보다는 전면으로 진열된 책들이 손님들의 선택을 많이 받게 된다.

그렇기에 나는 모든 책들이 판매가 될 기회를 얻을 수 있도록 매일매일 조금씩 진열을 바꿀 서가를 지정하여 새로운 책으로 교체하는 일을 하고 있다. 한번 전면으로 진열된 책은 보름 정도 그 자리를 지키다가 다시 책등으로 꽂혀지게 된다. 사실 손님도 없는데 굳이 매일 책 진열을 바꿀 필요가 있을까 싶어 귀찮아질 때도 있다. 그래도 바꾼다. 이건 내가 우리 책방의 책들에게 보내는 사랑과 관심의 표현이기도 하다. 좁은 서가에 빽빽하게 매일 책등으로만 꽂혀있다고 하면 책들도 싫을 것 같아서 말이다.

손님이 오든 안 오든 책들도 기분 전환이 필요하다. 예쁜 표지 보여주며 편안히 숨도 쉬게 해주고, "나 여기 있어요"라며 뽐낼 수도 있게 해주고 싶다. 책방지기인 내가 책들을 두루두루 보살피지 않으면 또 누가 하겠는가. 책은 읽혀질 때 가장 가치 있는 것인데, 책을 잘 못 파는 책방 주인을 만나 자신의 가치를 드러내지 못하는 책들에게 미안한 마음을 나는 그렇게 표현하고 있다. 그리고 간혹 가다가 연속 이틀 책방을 방문해 주는 이들도 계시니, 그 고마운 분들께 어제와 또 다른 책을 발견하는 기쁨을 드려야 하지 않겠나. 그래서 난 매일 조금씩이라도 책 진열을 바꾼다.

내가 매일 하는 일들이 종종 무용하게 느껴질 때도 있지만, 꾸준히 오래 하다 보면 분명 얻어지는 것은 있다. 1일 1 그림책 추천글을 쓰면서 그 누구보다 내 자신이 가장 많이 성장하게 되었고, 차곡차곡 쌓인 글들은 우리 책방의 자산이 되었다. 근근녕녕에서 소개해 주는 그림책들은 다 믿고 본다는 사람들이 생겨났고, 나 또한 추천글에 대한 반응을 보면서 사람들이 관심 갖고 좋아하는 그림책은 어떤 것인지 좀 더 쉽게 파악하게 되었다.

매일 책 진열을 바꾸는 일도 우리 책방을 더욱 풍성하게 만들어줬다. 언제 가도 새로운 책들이 기다리고 있으니 굳이 신간 도서를 많이 들여놓지 않아도 볼 만한 책이 많다는 느낌을 준다. 책방이 멈춰있지 않고 계속 변화하고 있다는 느낌을 주는 것이다. (마음 같아서는 신간을 많이 들여놓고 싶지만, 통장 사정이 여의치 않을 때가 많다.)

세상에 쓸모없는 일은 없다. 지금 당장 돈이 되지 않아도,

눈에 보이는 무언가를 얻지 못해도, 내가 의미 있다고 생각하는 일을 꾸준히 하는 것은 변화를 만들어 낸다. 나는 그 힘을 믿는다.

함께 걷는 길

　작가님들의 강연이나 북토크를 듣다보면 내 마음에 울림을 주는 이야기들이 많다. 그중 3년 차 책방지기 시절 나의 가슴에 유독 꽂혀 들어온 말이 있었으니, 그것은 바로 '연대'라는 단어였다. 많은 여성 작가들이 하는 말, "여자들이여 연대하라!"는 내 마음에 깊이 박혀 들었다. 여자들에게는 친구가 필요하다. 학창시절 추억을 공유한 단짝 친구도 좋고, 심심할 때 만나 수다 떨 수 있는 동네 친구도 좋다. 그러나 더 나아가 삶의 가치를 공유할 수 있는 친구, 함께 꿈을 향해 나아갈 수 있는 친구가 필요하다. 그러니 여자들과 손을 잡고 함께 길을 걸어가 보라는 말이 자꾸만 머릿속을 맴돌았다.

3년 가까이 혼자서 책방을 운영해 오면서 한계에 부딪히는 순간도 있었고, 외롭다는 생각도 종종 했었다. 나에게도 서로 돕고 의지할 사람들이 있다면 얼마나 좋을까. 함께 걸으며 성장해 나갈 수 있는 누군가가 있다면 이 길이 조금은 덜 힘들지 않을까. 여자들의 연대, 그것이 나에게도 필요한 순간이었다.

다행스럽게도 함께 연대하고 싶은 이들이 금방 떠올랐다. 우리 책방의 단골손님이면서 나처럼 그림책이라는 길을 걷는 그녀들, 에세이 『나는 힘이 들 때 그림책을 읽는다』를 펴낸 강지해 작가와 영어 그림책 북클럽을 운영하는 메이 님이다. 이전에도 책방에서 같이 협업한 적은 있었지만, 조금 더 끈끈한 관계가 되어 서로를 지탱해 주는 사이가 되었으면 좋겠다고 생각했다. 마침 이전한 책방이 두 분이 사는 동네와 가까워서 만남을 갖기도 전보다 더 쉬웠다. 운명인가? 그렇다면 이제 내가 용기 내볼 차례였다. 나는 두 사람에게 연대 모임을 제안했다. 혹시라도 부담스러워할까 봐 혼자 걱정했던 것이 무색할 정도로 두 사람 다 흔쾌히 수락했다. 그렇게 나에게도 동지들이 생겼다.

우리 모임의 이름은 '따또이'이다. 그림책이라는 공통분모를 가졌지만 하는 일은 책방지기, 작가, 북클럽 리더로 저마다 달랐기 때문에, 각자의 영역을 존중하면서 함께할 수 있는 일을 모색해 보자는 의미로 '따로 또 같이'라는 말을 줄여 모임 이름을 만들었다. 우리가 모여 뭐 대단한 걸 한 건 아니다. 독서 모임을 하며 함께 성장할 수 있는 방법을 모색했고, 각자의 목표를 공유하며 서로의 앞날을 응원했다. 두 사람에게 책방에서 진행할 수 있는 강의나 프로그램을 의뢰하기도 했고, 책방 행사가 있는 날이면 홍보를 부탁하기도 했다. 언제나 모객이 어려운 책방 행사이지만 참석률 높은 두 분 덕분에 조금은 마음을 덜 졸이며 행사나 모임을 진행할 수 있었다.

우리에게는 또 하나의 공통점이 있었는데, 바로 돈도 안 되는 일을 참 열심히도 한다는 것이었다. 돈이 안 되는 일을 좋아서 하는 사람에게 가장 힘든 게 뭐냐고 묻는다면, '힘들어도 힘들다고 말할 수 없다는 것'이라고 답하겠다. 힘들다고 말하면 되돌아오는 반응은 뻔하다. '누가 하라고 등이라도 떠밀었어?', '자기가 좋아서 하는 거잖아', '그냥 남편이 벌어다주는 돈으로 편하게 살지 그랬어' 등등……. 그래, 좋아서 하는 일 맞다. 그런데 좋아서 하는 일이라고 마냥 쉽고 즐겁기만 하겠는가. 좋아서 하는 일이면 언제든 쉽게 그만두라고 말해도 되는 건가. 그 고충을 다른 사람은 모르겠지만 우리는 안다. 돈

안 되는 일은 가치 없는 일이 되어버리는 이 세상에서, 우리가 하는 일들의 가치가 인정받지 못하는 순간에도, 서로가 있어서 위안이 된다.

물론 우리라고 해서 돈을 벌기 싫어서 안 버는 건 아니다. 이왕이면 좋아하는 일을 하며 돈도 벌고 싶어서 느리지만 포기하지 않고 걸어가는 것이다. 그것이 우리가 꿈을 지켜내는 방식이고, 나답게 살아가는 방식이니까. 아직 경제적 자유를 누리려면 멀었지만, 어쨌든 우리 셋은 분명 성장하고 있었고, 그 사실이 다시 동력이 되어 또 묵묵히 이 길을 걷게 해준다.

두 사람 덕분에 혼자이지만 혼자가 아닌 듯 책방을 운영해 올 수 있었다. 좋은 사람들이 곁에 있으니 나도 더 괜찮은 사람이 되고자 노력하게 된다. 그래, 사람들은 종종 여자의 적이 여자라 말하지만 여자의 적은 여자가 아닌 '돈이 안 되는 일의 가치를 인정하지 않는 사회'다. 돈 벌어올 것 아니면 여자는 꿈도 꾸지 말라고, 남편 돈으로 왜 자아실현을 하려 하냐고, 아이나 잘 키우지 너무 이기적인 것 아니냐고……. 그런 시선들은 우리를 주저앉게 만든다.

그래서 주저앉지 않으려면 연대해야 한다. 같이 걸어야 두 다리에 힘주고 멀리 나아갈 수 있다. 모든 여자들이 자신의 삶의 중요한 것들을 공유할 수 있는 좋은 친구들을 꼭 만들었으면 좋겠다. 꿈을 향해 따로 또 같이, 그렇게 걸어갈 누군가를 당신도 꼭 만나기를 바란다.

운전 예찬

 40년간 살아오면서 그동안 배운 것 중에 가장 쓸모 있었던 것이 무엇이냐고 묻는다면 나는 주저 없이 '운전'이라고 말할 것이다. 아마 내가 운전을 하지 못했다면, 하고 싶어도 하지 못하고 포기해야 하는 일들이 많아졌으리라.

 운전면허를 딴 건 꽤 오래 전인 22살 대학생 때다. 운전면허 학원을 등록하고 운전대를 처음 잡아봤는데, 생각보다 그리 어렵지는 않았다. 기능 코스를 물 흐르듯 통과하며 운전 학원의 우수학생이 되었지만, 나의 면허 취득기는 꽤나 힘난했다. 그 당시 자동차 운전 전문 학원과 그냥 학원의 차이를 알지 못하고 저렴하고 가까운 학원을 등록한 것이 실수였다. 전문 학원은 교육을 받았던 곳에서 바로 시험을 치르는데, 일반 학원은 나라에서 지정한 시험장에 가서 면허 시험을 봐야만 했다. 분명 학원에서 할 때는 아무 문제없이 잘 통과할 수 있었던 것들이 시험장에서는 다 실격 처리가 되었다. 핸들도 내 맘대로 잘 안 돌아가고, 심지어 안전벨트가 저절로 풀린 적도 있었다. 학원에서 알려준 공식은 무용지물이 되었고, 나는 계속해서 기능 시험에서 낙방했다.

말하기도 부끄럽지만 대략 열두 번 정도 시험을 치르고 나서야 겨우 기능 시험에 합격했던 것 같다. 중간중간 얼마나 포기하고 싶었는지 모른다. 또 떨어질까 봐 창피해서 부모님한테도 말 안 하고 몰래 시험을 보러 다녔을 정도였다. 학원에서 연습하면 만점인데, 왜 시험장만 가면 중도 탈락하여 뒷자리 신세가 되냔 말이다. 기능 시험의 굴욕을 교훈 삼아 주행 코스는 전문 학원으로 등록했고, 당당히 한 번에 시험에 합격했다. (역시 시험장이 문제였다.)

면허만 따면 운전대를 잡게 해줄 것만 같았던 아빠는 쉽게 운전을 허락하지 않았다. 왜 따라고 해놓고서는 운전도 못 하게 하냐고 얼마나 투덜댔는지 모른다. 아마 내가 기능 시험에서 여러 번 떨어지는 것을 보고 못 미더워 그랬을 것이다. 어쨌든 계속되는 나의 투덜거림에 아빠가 시골에서 서울로 돌아오는 길에 차를 갓길에 세우더니 나보고 운전을 해보라고 하셨다. 신이 나서 운전석에 앉았지만 그로부터 1분 뒤에 나는 다시 뒷자리로 갈 수밖에 없었다. 그곳이 고속도로라는 것을 간과하고 내가 너무 느리게 차도로 진입을 하는 바람에 뒤에서 빠르게 달려오던 트럭과 접촉 사고가 나버린 것이었다. 다행히 다친 사람은 없고, 트럭 차주분도 흠집 난 것에 대해서 배상을 요구하지 않는 걸로 잘 마무리되었지만 나는 그날부터 쭈구리가 되었다. 운전의 '운' 자도 꺼낼 수 없는 운전 쭈구리, 장롱 면허의 시작이었다.

그렇게 시간은 흐르고 10년 넘게 운전을 하지 않고 있다가 결혼을 앞두고 다시 운전 연수를 받게 되었다. 사람들 말이 아이가 생기면 여자도 운전을 할 수 있어야 편하다고 했다. 이미 운전하는 법은 까먹은 지 오래였다. 심지어 시동 거는 법도 가물가물했을 정도였으니 말 다했다. 10년이면 강산도 변한다더니 나의 간도 쪼그라들었나 보다. 22살 때는 안 그랬는데 나이 드니 운전이 왜 이리 무서운 것일까. 어쨌든 꽤 여러 번 연수를 받고 난 뒤에서야 드디어 혼자 도로에 나가볼 수 있게 되었다. 비록 차선을 바꾸는 게 무서워서 처음부터 끝까지 같은 차

선으로만 달리긴 했지만, 목적지에 도착할 수는 있었다.

주행보다 어려운 것은 역시 주차였다. 한번은 그런 적이 있었다. 아파트 주차장에서 비어 있는 자리가 하나 있기에 주차를 하려고 차를 돌렸는데 앞으로 가면 앞에 주차된 차와 부딪힐 것 같고, 뒤로 가도 뒤에 주차된 차와 부딪힐 것 같은 기분이 들었다. 차와 차 사이의 도로를 세로로 막은 채 어찌할 바를 모르고 있었는데 다른 차가 주차장으로 들어왔다. 식은땀이 흘렀다.

'어쩌지? 저 사람이 이제 빵빵 거리면서 화낼지도 몰라……'

내가 한참을 이러지도 저러지도 못하고 있으니 결국 차에서 사람이 내렸다. 나처럼 여성 운전자였다. 그분이 내 차로 다가오더니 웃으며 말을 건넸다.

"제가 대신 주차해 드릴까요?"

구세주를 만난 기분이 이런 걸까. 친절한 운전자 덕분에 무사히 주차를 마치고 진땀 나는 상황을 모면할 수 있었다. 이제와 생각해 보면 그분은 천사가 아니었을까 싶다. 여기서 또다시 포기하지 말라고, 나를 위해 하늘에서 보내준 천사 말이다.

그렇게 조금씩 운전을 해오다 지금 우리 동네로 이사를 오면서 운전 실력이 늘었다. 좁은 길을 구불구불 올라야 하는 이 동네 도로를 따라 매일 출퇴근 하다 보니 초보 운전 딱지는 자연스레 떨어졌다. 덕분에 지금은 베스트 드라이버까지는 아니어도 꽤 괜찮은 운전 실력을 가지게 되었고, 내비게이션만 있으면 어디든 갈 수 있는 용감한 오너드라이버가 되었다.

혹시 영미권의 전래 동요인 마더구스 속 캐릭터로 잘 알려진, 담 위에서 떨어진 달걀 '험프티 덤프티'를 아는가? 『떨어질까 봐 무서워』라는 그림책의 주인공이기도 한 험프티 덤프티는 담 위에 올라가서 새들을 관찰하는 것을 좋아했지만, 담 위에서 떨어지는 사고 이후 높은 곳에 오르는 것을 무서워하게 되었다. 좋아하지만 포기해야 할 일들이 늘어나게 된 것이다. 그러나 두려움을 이겨내고 다시 담에 오른 험프티 덤프티는 스스로 자신의 알 껍데기를 깨뜨리고 날아올랐다. 내가 정말 좋아하는 장면이고, 볼 때마다 벅찬 감동을 불러일으키는 장면이다.

실패했다고 이대로 포기할 것인가? 두렵다고 다시는 시도조차 하지 않을 것인가? 그럴 수는 없다. 누구에게는 누워서 떡 먹기일지도 모르겠지만, 내가 능숙한 드라이버가 되기까지 10여 년의 세월이 걸렸다. 열두 번의 낙방에도 포기하지 않고, 장롱 면허에 가까웠던 면허증을 가지고 결국엔 해낸 것이다. 결과적으로 운전은 나의 행동반경을 넓혀줬고, 새로운 것에 도전할 수 있는 발판이 되어주었다. 운전을 못 했다면 도서 납품을 하러 다니지도 못했을 것이고, 강의 제안이 들어와도 근거리 말고는 다니지 못했을 것이다. 북마켓 같은 외부 행사에 나가는 건 꿈도 못 꿨을 것이고, 집에서 멀리 떨어진 곳으로 책방을 이전하는 일도 감히 엄두 내지 못했을 것이다. 생각해 보니 하지 못했을 일투성이다.

강의나 모임을 통해 엄마들을 마주하다 보면 이런저런 핑계로 새로운 세상으로 나아가길 주저하는 분들이 많다. 그 핑계의 대표 주자는 "아이들 때문에"이고, 두 번째가 "운전을 못해서"이다. 예전에 어디서 들은 얘기인데, 한 운전 연수 강사가 이런 말을 했다고 한다. "나는 여자들에게 운전을 가르치는 일을 하는 것이 아니라, 자유를 선물하는 일을 하고 있다"라고. 나는 그 말에 매우 공감한다. 운전이란 날개를 다는 일이다. 고로 나는 운전할 수 있는 내가 너무나 좋다.

내가 살고 싶은 동네

 시에서 주최하는 작은 마을 축제에 초대받아 참여한 적이 있었다. 도시 재생 사업의 일환으로 진행되는 마을 정원 만들기 행사였다. 행사가 다 끝난 후엔 도시 재생을 담당하는 분들과의 워크숍이 이어졌다. 그 자리에서 들은 도시 재생 사업이란 건 이런 것이었다. 오래되고 지저분한 건물을 허물어서 그 자리에 보기 좋고 쓰임새 많은 건물을 새로 짓는다. 도로도 정비하고 공영 주차장도 만들고……. 물론 좋은 일이다. 그렇게 하면 미관상으로도 좋고, 지역 주민들의 편의에도 분명 도움이 될 것이다. 그런데 내가 머릿속에 떠올렸던 도시 재생과는 좀 거리가 있었다. 내가 생각하는 도시 재생은 진정으로 살고 싶은 동네를 만드는 것이었다. 내가 좋아하는 산책길이 있고, 애정하는 공간이 있으며, 이웃들이 함께 어울려 살아가는 동네 말이다.

　책방을 하기 전의 일이다. 평일엔 매일 회사에 가고, 주말엔 거의 동네 밖에서 시간을 보내느라 정작 내가 사는 동네는 많이 둘러보지 못하고 살았었다. 하루는 퇴근길에 마음먹고 길가에 있는 상점들을 쭉 살펴보았다. 우리 동네에 가장 많은 건 단연 식당과 카페였다. 먹는 문제는 중요한 것이니 그럴 수 있다. 그다음으로는 편의점과 부동산, 미용실이 많았다. 아마 어느 동네이든 비슷하지 않을까 싶다. 몇 군데 공방을 제외하고는 특별히 매력적으로 느껴지는 공간을 발견하지는 못했다.

　그 순간 뭔가 이 동네가 재미없게 느껴졌다. 내일 당장 다른 곳으로 이사를 가더라도 크게 아쉬울 것 같지 않았다. 어릴 적 살던 동네에선 학교 앞 떡볶이 집과 헌책방이 나의 참새 방앗간이었다. 그 이후 이사를 다니면서 살게 된 동네마다 내 영혼의 안식처 하나쯤은 있었다. 틈만 나면 가게 되는 그런 곳, 여기가 있어서 우리 동네가 좋다고 말할 수 있는 그런 곳이 있었다.

　꼭 큰돈을 들여 천지개벽을 해야만 도시 재생일까? 내 생각엔 동네마다 책방 하나씩만 있어도 삶이 좀 더 풍요로워지고,

내가 사는 마을이 아름다워질 것 같다. 사실 동네에 책방이 없어도 사는데 크게 불편할 것은 없다. 그래도 동네에 책방이 있다면, 그래서 책방에 자주 드나들 수 있다면 누군가의 일상은 분명 달라질 것이다. (이건 전적으로 내가 책방지기라서 하는 말이지만, 내 말에 동의하는 사람들도 많을 것이라 믿는다.)

실제로 책방 이전을 앞두고 한 손님이 얼마 전에 책방 앞 빌라로 이사를 왔다며 인사를 건넸다. 이 동네로 이사를 결정하고 집을 고르는 데 책방이 큰 역할을 했다는 것이다. 아이를 키우고 있는 집이라 책방 앞에 살면 너무 좋을 것 같아서 이 집을 골랐다고, 앞으로 자주 오겠다고 말씀하시는데 어찌나 미안하던지…….

"저, 어쩌죠. 책방이 다음 달에 다른 곳으로 이전하거든요." 그 말에 절망하던 그분의 모습이 아직도 눈에 선하다. 요즘엔 뭐니 뭐니 해도 역세권, 학세권, 몰세권이 최고라지만, 누군가에겐 '책세권'에 사는 것이 삶의 기쁨이 되기도 한다. 그러니 집 근처에 책방이 있다면 마음껏 그 기쁨을 누리시기를. 하지만 우리 책방처럼 그 책방도 언제 이전을 하거나 사라질지 모른다. 그러니 모름지기 책방은 열려 있을 때 자주 가야 하는 법이다.

그리고 도시 재생 담당자 분들에게도 한마디 남긴다. 깨끗하고 살기 편리한 동네도 좋지만, 우리 동네를 더 살고 싶은 동네로 만들어 줄 매력적인 작은 가게들도 자리 잡을 수 있게 해주시길. 골목상권이 살아나면 동네 분위기도 살아나니까, 이것도 도시 재생 맞잖아요?

그림책이 내준 숙제

 그림책을 보며 우는 날이 하루이틀이 아니다. 어릴 때 나는 정말 눈물도 별로 없고, 차가운 아이라는 소리를 많이 듣고 자랐는데 이제야 뒤늦게 눈물보가 터지고 있나 보다. 특히 부모님을 떠올리게 하는 그림책을 만날 때면 자꾸만 눈물이 나온다. 그건 내가 어릴 적 그다지 좋은 딸이 아니었다는 증거다.

 둘째 아이가 배 속에 있을 때 그림책『엄마는 좋다』를 보고 그렇게도 많이 울었더랬다. 엄마는 내가 물어보는 것들에 전부 대답도 해주고, 내가 하는 얘기도 전부 잘 들어준다. 내가 엄마를 닮아서 예쁘고, 닮지 않아서 예쁘고, 그저 무조건 예쁘다고 한다. 그래서 엄마가 좋다는 것이다. 나 말고도 많은 이들이 이 책을 보면서 눈물을 훔쳤을 테지만, 나는 특히 '못난 나를 무조건 예쁘다고 한다'라는 문장을 읽으며 울컥해버렸다.

한창 외모에 신경 쓸 사춘기 시절 남녀공학인 고등학교로 진학을 하게 되면서 짓궂은 남학생들한테 놀림을 많이 당했었다. 그 당시 못생긴 캐릭터로 나오던 개그우먼이 있었는데, 내가 그 개그우먼을 닮았다며 복도에서 마주칠 때마다 큰 소리로 놀려댔다. 아무렇지 않은 척 나도 그 애들에게 똑같이 놀리는 말을 쏘아붙였지만, 마음엔 큰 상처가 되어 남곤 했다. 내가 이런 놀림을 당하는 걸 부모님이 알면 속상해하실까 봐 차마 말은 못 하고 혼자서 참아내고 있었던 어느 날이었다. 거울 앞에서 모자를 쓰면서 속으로 '나는 왜 모자도 안 어울리는 거야?'라며 투덜대고 있었는데 엄마가 이렇게 말씀하셨다.

"아휴, 우리 딸은 모자도 잘 어울리네. 모자를 써도 예쁘고, 머리를 묶어도 예쁘고……. 엄마도 너처럼 예뻤으면 좋겠다."

그 말에 순간 참아왔던 화가 올라왔다. 엄마의 예쁘다는 말이 마치 나를 놀리는 것처럼 느껴졌던 것이다.

"예쁘긴 뭐가 예뻐! 애들이 나보고 못생겼다고 맨날 놀리는데! 엄마가 그걸 알기나 해?"

남들 앞에선 못 부리는 성질을 부모님 앞에서는 그리도 부려대던 나였다. 내가 갑자기 버럭 하자 엄마가 당황해하던 모습이 생각난다. 그때의 기억이 잊히지 않고 계속해서 마음 한 구석에 남아있었는데 『엄마는 좋다』를 보면서 울컥 터져 나오게 되었다. 이제는 알기 때문이다. 그때의 엄마가 나를 보고 예쁘다고 했던 말의 의미를……. 아이를 낳고 나 역시 엄마가 된 지금에서야 알게 되었다. 외모가 예쁘고 아니고를 떠나서 내 아이는 그냥 존재 자체로 예쁘다는걸, 남들이 뭐라 하든 엄마 눈에는 정말로 세상 제일 예쁘다는걸. 나를 존재 자체로 사랑해 준 엄마에게 못되게 화를 냈던 내 모습이 지금 생각해도 너무 죄송스럽다. 아마 그때 엄마가 '나를 닮아서 우리 딸이 놀림을 당하는구나'라며 속상해하셨을 것을 생각하니 더더욱 마음이 아프다. 내가 너무 철이 없었다.

철없던 나를 떠올리게 하는 그림책이 또 하나 있는데, 『정육점 엄마』이다. 이 책에는 '정육점집 딸'이라는 타이틀이 창피하고 싫은 주인공 아이 은정이가 나온다. 은정이는 배달 심부름 다녀오라는 엄마의 말에 짜증이 나서 고기가 든 봉투를 마구 돌려대다가 결국 사고를 치고 만다. 이 장면에서 나도 어린 시절 기억들이 떠올랐다. 나는 '옷 가게 집 딸'이었는데 좀 크고 나서부터는 가끔씩 부모님의 부탁으로 가게를 봐야할 때가 있었다. 손님이 너무 많다거나, 부모님이 외출할 일이 있다거나 할 때 말이다. 나는 그게 너무 싫었다. 일단 가게에 있는 시간이 너무 지루했고, 특히 손님들을 상대하는 일이 정말 싫었기 때문이다. 그래서 어쩌다 한번 부모님이 부탁할 때마다 얼마나 툴툴 대고 짜증을 부렸는지 모른다. 부모님의 고생은 외면하고 나만 편하고 싶었다.

책 속에서 은정이는 사고를 치고 엄마한테 혼날까 봐 걱정하지만, 엄마는 화를 내기는커녕 오히려 "엄마가 미안해"라고 말한다. 그 장면에서 또 한 번 눈물이 터진다. 부모님이라고 나에게 좋아서 장사를 시키셨을까. 먹고사는 일이라 어쩔 수 없이 어린 자식의 손까지 빌리려 했을 그 마음을 철부지 딸은 몰랐다. 자신들처럼 살지 않게 하기 위해 하루도 마음 편히 쉬지 못했을 그 마음을 그땐 몰랐다.

가게 보기 싫다고 짜증이나 부리던 딸이 이제는 자기 가게 나가야 한다고 부모님께 손자 손녀까지 봐달라고 하고 있다. 면목이 없지만 지금은 어쩔 도리가 없다. 그래도 부모님 생각에 눈물이 나는 걸 보면 철이 조금은 들긴 한 걸까? 아니다. 곁에 계실 때 더 잘하자고 마음으로는 수백 번 다짐하면서도 실천으로 옮기지 못하는 나는 여전히 철없는 딸이다.

    그림책을 읽고 눈물이 난다면 그건 내 마음 속에 풀지 못한 무언가가 있다는 뜻이고 해결하지 못한 과제가 있다는 의미다. 더 늦기 전에, 후회하기 전에 이제는 진짜 철든 딸이 되어야겠다. 아무래도 그게 그림책이 나에게 내준 숙제인 것 같다.

슈퍼맘은 없다

 회사 생활을 할 때 후배들이 나보고 '슈퍼맘' 같다고 말한 적이 있었다. 일도 잘하고 아이도 잘 키우는 것 같다면서 말이다. 나를 그렇게 봐준 것은 고맙지만, 나는 슈퍼맘과는 거리가 멀다. 아주 멀다. 일 욕심은 있지만 노력을 할 뿐이지 뛰어난 재능이 있는 것은 아니었고, 살림이나 육아 부분에 있어서는 언제나 부족한 것투성이였다. 내가 이렇게 요리도 못하고, 청소나 정리정돈도 잘 안 하는 사람인 줄 미리 알았다면 남편이 과연 나랑 결혼을 했을까 싶기도 하다. 다른 엄마들은 위생 관념도 철저해서 매일 쓸고 닦고 빨래도 수시로 한다는데, 나는 시간이 없다는 핑계로 항상 집안일을 몰아서 했다.

아이들도 매일 씻기기 힘들어서 아기 때부터 목욕은 이틀에 한 번 하는 걸로 정했다. 일주일에 절반은 배달 음식을 시켜먹거나 외식을 한다. 내가 직접 요리하는 날도 풍성한 식탁은 기대하기 힘들다. 음식도 맛있게 잘하고 살림도 알뜰살뜰하게 잘하시는 시어머니 밑에서 자란 남편이 이런 나와 살게 되었으니 불만이 생길 수밖에 없었다. 그래서 신혼 때는 요리나 빨래, 다림질 같은 문제로 남편과 종종 다투기도 했었다.

원래도 잘 못하던 살림과 요리였지만 특히 아이가 태어나고 나니 더욱 힘들 게 느껴졌다. 육아 하나만으로도 충분히 버거웠다. 내가 잘 못하는 일이라고 생각하니 더 하기 싫어졌다고 해야 할까. 아무튼 육아 휴직 기간에는 살림도 육아도 뭐 하나 제대로 해내지 못하는 나 스스로를 바라보며 자존감이 곤두박질쳤다. 사실 워킹맘이 되어야겠다고 마음먹은 이유 중 하나가 일을 하면 살림을 잘 못해도 어느 정도 면죄부를 받을 수 있을 거란 생각 때문이기도 했음을 이제와 고백한다. 어쨌든 회사에 가면 그래도 일 잘한다는 소리를 들으니까 좋았다. 아무튼 나는 그 정도로 슈퍼맘이라는 말과는 전혀 어울리지 않는 사람이었다.

이런 내가 나도 싫을 때가 많다. 신혼살림을 알아보고 다닐 때만 해도 결혼하면 인테리어 잡지에 나오는 집처럼 매일 깔끔하게 정리된 상태로 예쁘게 살아갈 줄 알았는데, 그러기엔 난 너무나 게으른 귀차니스트였다. 옷은 매일 산더미처럼 여기저기 쌓여있고, 냉장고에는 상해서 버려지는 음식들이 넘쳐났다. 그래, 그건 다 그렇다 치자. 남편 밥 차리기는 귀찮아도 아이 밥은 맛있게 해주고 싶은 게 엄마 마음이라던데, 나는 왜 아이 밥 하는 것도 이렇게 귀찮아하는 걸까? 눈에 넣어도 아프지 않을 아이를 키우며 '내가 정말 엄마가 맞나?' 하는 자괴감이 들 때가 정말 많았다. 삼시 세끼 식사는 물론 틈틈이 간식까지 아이 영양에 맞춰 챙겨주는 엄마들을 보면 부럽고 또 부끄러웠다. 그런 것도 제대로 못하면서 일한다고 매일 바쁘고 힘든 척만 하는 엄마 같아서 미안했다.

언제나 아이들에게 최선을 다하고 싶지만 그렇지 못해 괴로워했던 그때의 나에게 보여주고 싶은 책이 있다. 바로 그림책 『왼손에게』다. 모든 일을 혼자서 도맡아 하는 오른손은 왼손에게 억울한 마음을 쏟아낸다. 아무 일도 하지 않으면서 좋은 것만 다 차지하는 왼손이 오른손 입장에서는 정말 미울 만도 하다. 그런데 알고 보니 왼손도 계속 노력은 하는데 마음처럼 쉽게 되지 않아서 고군분투 중이었음을 알게 되면서 두 손은 화해를 하게 된다.

처음엔 이 책을 읽으며 왼손과 오른손에 각각 다른 사람이 떠올랐다. 나와 남편, 혹은 나와 회사 동료 이런 식으로 말이다. 그런데 여러 번 읽을수록 왼손과 오른손이 모두 '나'라는 한 사람으로 느껴지기 시작했다. 일을 하며 성과를 내고 바쁘게 살아가는 나는 오른손을 닮았고, 살림도 요리도 마음처럼 잘 안 돼서 내려놓은 나는 왼손을 닮았다. 보기에 팔자 편한 쪽은 왼손이지만, 그러고 있는 왼손의 마음이 마냥 편한 것은 아니다. 똑같은 손이라도 왼손과 오른손의 능력치가 다른 것처럼, 똑같은 나라도 해도 잘하는 것이 있고 못하는 것이 있는 게 당연하다고 생각하니 왠지 모를 위로가 되었다. 어쨌든 지친 오른손을 주물러 주는 것은 왼손 아닌가. 두 손이 모두 지쳐있으면 아무것도 하지 못할 수도 있다.

엄마도 평범한 사람이다. 잘하는 것도, 못하는 것도 있는 평범한 사람 말이다. 완벽하지 않으면 어떠한가. 이런 나를 보고 "세상에서 엄마가 제일 좋아!"라고 말해주는 그런 아이들이 있어서 부족한 나의 모습과도, 그 모습을 싫어하던 나와도 화해를 청해본다.

본업과 부업의 경계는 어디?

그냥 책만 팔아서 먹고 살 수 있는 것, 어쩌면 모든 책방지기의 꿈이 아닐까 싶다. 그 말인즉슨, 책만 팔아서 책방을 유지하는 게 정말 쉽지 않은 일이라는 거다. 고정순 작가의 에세이에 이런 말이 나온다. 작가는 부업이 필요한 사람이라고, 본업을 위해 부업이 필요하다고 말이다. 책방지기도 마찬가지인 것 같다. 물론 책과 문화 행사만으로도 충분히 잘 운영이 되고 있는 책방도 있지만, 내가 만나본 대부분의 책방지기들은 부업을 하고 있었다. 아니면 반대로 본업이 따로 있고, 책방 일을 부업처럼 하거나…….

나 역시도 책방을 유지하기 위해 다른 수입원이 필요했다.

처음 책방 문을 열기로 했을 때 카페를 같이 운영하기로 한 것도 그 이유에서였다. 책을 많이 팔기는 어려울 테니 커피를 함께 팔아서 수익을 좀 더 내고자 한 것이다. 그런데 그때 나는 카페를 부업으로 생각하고 시작했다. 원래부터 커피를 좋아하지도 않았고, 딱히 바리스타 자격증까지 따서 전문적으로 하고 싶은 생각도 없었다. 책방 손님들이 커피 맛까지 따질 것 같지는 않으니까, 카페는 그냥 책방 일에 부가적으로 하는 일 정도로만 생각하고 구색만 갖춰서 했다. 그래서 그런지 책과 관계없이 커피만 즐기러 오는 손님은 거의 없었다. 책 보러 오는 손님들 중에서도 일부만 음료를 주문하니까 하루에 몇 잔 팔지도 못했다. 그럼에도 커피머신은 24시간 전기 요금을 잡아먹고 있었고, 미처 다 팔지도 못하고 오래되어 그냥 버리게 되는 원두와 카페 재료들이 늘어갔다. 커피를 팔아서 수익을 더 내기는커녕, 일은 일대로 늘어나고 의미 없이 지출되는 돈만 생겨나게 된 것이다. 그 사실을 깨닫는 데 2년이 걸렸고, 그렇게 카페라는 부업은 그만두게 되었다.

두 번째로 하게 된 부업은 그림책 전집 판매와 스마트패드를 활용한 북클럽 회원 모집이었다. 그동안 단행본만 판매하면서 이쪽 분야에 공을 들여왔었기 때문에, 기존의 책방 성격과는 결이 좀 다른 일이긴 했다. 우연한 기회에 제안이 들어왔고, 전집도 책이니까 같이 진열해 두고 몇 세트라도 팔면 좋지 않을까 싶어서 시작해 보았다. 단행본은 책방지기가 좋아하는 책으로 선별해서 책방지기 소신대로 판매하면 되었지만, 전집은 좀 달랐다. 그때그때 전집 출판사에서 주력으로 판매하고자 하는 상품을 홍보해야 했고, 내가 책방지기가 아니라 영업사원처럼 느껴질 때가 종종 있었다. 뭔가 나의 책방 운영 철학과는 맞지 않는 지점들이 있었다. (그림책 전집 자체가 나쁘다는 게 아니라, 판매 방식이 나와 맞지 않았다.) 그래서 팔리면 좋고, 아니면 말고 식이었던 것 같다. 전집을 팔긴 파는데, 열심히 팔지는 않겠다는 이상한 자존심 같은 거랄까.

열의가 없는 일은 티가 난다. 난 원래도 책을 많이 팔지 못했지만, 전집은 더욱 못 팔았다. 몇 달 동안 한 세트도 팔지 못해서 오히려 전집 판매권을 유지하기 위해 자비로 전집을 사들이며 실적을 쌓았다. 카페와 마찬가지로 돈을 벌기는커녕, 돈을 더 쓰고 있었다. 나의 두 번째 부업도 그렇게 끝이 났다.

그러던 중 다른 책방 사장님이 SNS에 올린 『오늘도 고바야시 서점에 갑니다』라는 책의 한 구절을 보고 망치로 머리를 맞은 듯한 기분이 들었다. 책방을 계속 하고 싶어서 우산 장사를 하기 시작했다는 주인공은 13년 동안 우산을 팔았지만 한 번도 부업이라고 생각해 본 적이 없단다. 우산을 제작하는 업체에서 열심히 만들었고, 업체 직원들의 생활이 걸려있는 우산이니 나 역시도 죽을 각오로 팔았단다. 그렇기에 책방이지만 '우산을 팔 때는 우리는 우산 가게'라고 말하는 주인공 앞에 나는 부끄러워졌다. 나는 카페도 열심히 해야 했고, 전집 그림책 판매도 열심히 해야 했었는데 그렇게 하지 못했다. 나는 부업을 정말 부업으로만 생각했기 때문이다. 마치 단행본 책을 파는 일만 대단한 일처럼 말이다. 열심히 하지 않는 부업은 안 하는 것만 못하다. 내가 하면 그냥 나의 일인 거지, 본업과 부업으로 나누면 안 되는 것이었다.

지금 나는 세 번째 부업을 하고 있다. 아니, 부업이 아니라 책방지기와 더불어 또 다른 일을 동시에 하고 있다고 말하겠다. 그것은 강사 활동이다. 그동안 그림책을 공부하며 쌓아온 지식과 정보를 많은 이들에게 전하는 일을 하고 있다. 도서관이나 학교에 출강하기도 하고, 방학 때는 책방 안에서 특강을 진행하기도 한다. 덕분에 드디어 책을 파는 것 이외에 또 다른 수입원이 생겨났고, 책방지기로서도 더 성장하고 있다. 누군가를 가르치려면 내가 가장 많이 공부해야 하기 때문에, 강의를 할 때마다 나의 능력치도 계속 상승하는 효과가 있다.

한창 바쁠 때는 일주일에 고정 강의를 세 개나 진행한 적도 있었는데, 책방 일을 하면서 너무 많은 강의를 소화하다 보니 좀 버겁기도 했다. 그래서 이번 학기엔 강의를 좀 줄여봐야지 하고 마음먹으면 주머니가 가벼워지기도 한다. 이렇게 비정기적인 일이긴 하지만 책방 일을 하면서 동시에 하기엔 이만큼 좋은 것도 없다. 그리고 가끔은 책방지기보다는 강사로서의 능력이 더 나은 것 같다는 생각도 든다. 어쨌든 부업이 필요했던 책방지기에서 두 개의 직업을 가진 책방지기로 한 단계 업그레이드를 완료했다.

부러움에 지지 않는 법

　그림책과 부정적인 감정을 엮어서 풀어내는 테라피 수업을 진행하면서 자연스럽게 내 마음속도 들여다보게 되었다. 나는 때때로 부정적인 감정을 느낄 때도 있지만 대체적으로는 긍정적인 마음가짐을 가진 사람이었다. 예민하지 않은 정도를 넘어 좀 둔하기까지 한 내 성격도 한몫했다. 그럼에도 불구하고 내가 유독 잘 빠져드는 부정적 감정이 있었으니 그것은 비교하고 부러워하는 마음이었다. 부러움에서 끝나면 그나마 다행이다. 이 감정이 시기나 질투로 넘어가면 그때부터 문제가 된다. 왜냐하면 시기나 질투에는 미움이라는 감정이 섞이게 되고, 스스로에 대한 열등감까지 불러일으키기 때문이다.

SNS를 많이 하는 사람은 불행하다고 한다. 다른 이들이 보여주는 행복하고 화려한 모습을 그렇지 못한 자신의 처지와 비교하게 되니까. 책방 일 때문에 어쩔 수 없이 SNS를 하게 된 나도 역시 그로 인해 우울해질 때가 많다. 작고 투박한 우리 책방보다 넓고 예쁜 인테리어의 다른 책방을 보면 부러운 마음이 불쑥 올라왔다. 행사나 모임을 할 때마다 우리 책방은 모객이 안 돼서 허덕이는데 다른 서점이 손님들로 북적이는 모습을 보면 또다시 부러워졌고, 우리 책방에서는 재고를 많이 둘 수 없어서 소량만 입고해 둔 책을 이삼십 권씩 입고하는 걸 보면 또 부러워졌다. 이것 말고도 사실 부러운 것투성이다.

부러운 마음에 지고 싶지 않아 나도 모르게 질투의 대상을 깎아내리게 될 때도 있다. '저 책방이 잘되는 건 다 인맥 때문이야', '나도 저 정도 규모의 책방을 가지고 있으면 더 잘할 수 있어', '저 동네 사람들의 문화 수준이 높아서 그런 거야' 등등 책방지기의 노력이 아닌 다른 이유로 잘되는 거라고, 그저 운이 좋아서 잘되는 거라고 믿고 싶어 한다. 그러다가 다시 또 열등감의 나락으로 빠져든다. '내가 너무 준비 없이 시작했나 봐', '나는 아무래도 재능이 없는 것 같아', '우리 책방은 특별한 게 하나도 없어' 이렇게 말이다. 내가 얼마나 질투쟁이인지, 내 속에 얼마나 못난 마음이 가득 차 있는지, 누군가에게 들킬까 봐 겁이 날 정도다.

 이런 마음에 빠지면 나만 점점 괴로워진다. 하지만 부러움은 잘만 활용하면 꽤 유용할 때도 있다. 내가 더 발전할 수 있는 동력이 되기 때문이다. 세상에 나쁜 감정은 없다고 했다. 긍정적이든 부정적이든 그 감정을 잘 들여다보면 내가 진정 원하는 것, 나의 욕구를 알아차릴 수 있다. 내가 무언가 부러워하는 것이 있다면 그것은 곧 내가 가지고 싶고, 내가 나아가고 싶은 목표가 될 수 있는 법이다. 그래서 나는 부러움을 잘 활용하기 위해 책방 탐방을 간다. SNS를 통해 보여지는 선택적인 정보 말고, 그 책방의 진짜 이야기를 듣기 위해 말이다. 가서 직접 눈으로 둘러보고, 책방지기들과 대화도 나누다 보면 내 마음 속의 못난 감정들은 작아지고, 그 자리를 다른 감정들이 채워준다. 인정하는 마음, 배우고자 하는 마음 같은 긍정적인 것들이 자라난다.

 내가 직접 눈으로 본 곳들 중에 그저 운이 좋아서 잘되는 책방은 하나도 없었다. 그들이 이 책방을 지켜내기 위해 얼마나 많은 노력을 했고, 작은 것까지 신경을 쓰고 있는지 알게 되면 '사랑을 받는 데는 다 이유가 있다'는 생각이 들곤 한다. 그리고 내가 SNS만 보고 잘된다고 생각했던 그 책방들도 다들 우리 책방과 비슷한 고충을 겪고 있고, 나름의 걱정거리를 가지고 있다는 사실에 위안을 받기도 한다. 그러고 보면 가끔 내가 자기소개를 할 때 "어머, 그 책방 엄청 유명하잖아요"라든가 "자리 잡은 비결이 궁금해요"라든가 하는 식의 반응이 돌아올 때가 있다. 우리 책방도 SNS에서 보면 남들이 부러워할 만한 곳일까?

우연히 어떤 라디오 광고를 듣고 울컥한 적이 있다. 두리랜드를 운영하는 탤런트 임채무 씨가 나오는 경기도교육청 공익광고였다. 임채무 씨는 이렇게 말했다. 최고가 아니어도 된다고, 잘하지 못해도 된다고, 힘든 길이어도 나에게 의미 있고 행복한 일이면 된 거라고 말이다. 그때 문득 깨달았다. 내가 이 일을 최고가 되려고 했었던가. 전국에서 최고로 잘나가는 동네 책방이 되려고 시작한 일도 아닌데 난 왜 다른 책방과 자꾸 비교하며 부러워하고 열등감을 느꼈을까. 책방지기로서 능력이 좀 부족하면 또 어떤가. 나는 그냥 내가 할 수 있는 일을 하며 그 안에서 의미를 찾고 행복하면 그만인 것이었다.

임채무 씨는 그게 삶의 주인으로 당당하게 살아가는 방법이라고 했다. 그렇다. 나도 아이와 함께하며 일하는 여성으로 남기 위해 내가 선택한 삶을 살고 있는 중이다. 이 정도면 나도 충분히 행복하게 잘 살고 있는 거 아닌가. 왜 그동안 그렇게 스스로를 괴롭혔는지 모르겠다.

  작은 책방이든 큰 책방이든, 인테리어가 예쁜 책방이든 투박한 책방이든, 모든 동네 책방은 다 저마다의 매력을 가지고 있다. 그리고 모든 책방은 그 책방의 책방지기와 닮았다. 그래서 책방지기와 비슷한 가치관이나 성향을 가진 사람들이 그곳에 모이게 된다. 그 사람들이 또 자신들의 색깔로 책방을 물들인다. 그러니 다른 책방과 비교할 필요가 없다. 모든 책방은 그 자체로 오롯한 공간이다. 다른 책방을 부러워할 수는 있어도 나의 책방이 못났다고 생각하지는 말자. 책방이란 본디 멈춰있지 않고 계속 변화하는 공간이니, 우린 얼마든지 더 나은 방향으로 나아갈 수 있다. 우리는 모두 저마다의 책방에서 충분히 행복할 수 있다.

함께하는 행복을 느끼고 싶은 당신을 위한 그림책 추천

고마워, 고마워요, 고맙습니다 글 일레인 비커스 · 그림 서맨사 코터릴 | 책읽는곰

일이 마음대로 풀리지 않고, 세상에 나 혼자뿐인 것 같은 순간이 있다. 그럴 때는 가만히 내 주위의 고마운 사람들을 하나하나 떠올려보자. 혼자가 아니라는 생각만으로도 우리는 다시 힘을 낼 수 있다. 이 세상이 얼마나 고마운 것투성인지 깨닫고 나면 마음속에 온기가 가득해진다.

날개는 없지만 글 · 그림 백유연 | 길벗어린이

구덩이에 빠진 토끼는 친구들의 도움으로 밖으로 나올 수 있었다. 새처럼 날개도 없고, 코끼리처럼 긴 코도 없지만 토끼에게도 다른 이를 도울 방법은 있다. 각자의 방법으로 서로 돕고 살아가는 숲속 친구들처럼 우리도 각자의 방식으로 서로 도우며 살아갈 수 있음을 기억하자.

뒷집 준범이 글 · 그림 이혜란 | 보림

준범이는 온종일 창밖으로 앞집 아이들이 노는 것을 쳐다본다. 새로 이사 온 낯선 아이의 시선이 불편할 수도 있었을 텐데, 앞집 아이들은 선뜻 곁을 내어준다. 더불어 산다는 건 이런 게 아닐까. 아이도 어른도, 다 같이 놀아야 세상이 더 재미있어진다.

시소 글 · 그림 고정순 | 길벗어린이

놀이터에 혼자 가면 미끄럼틀이나 그네는 탈 수 있어도 시소는 탈 수 없다. 혼자서는 탈 수 없는 시소는 오르락내리락하는 우리의 인생을 닮았다. 시소는 경쟁하기보다 호흡을 맞출 때 더 재미있게 탈 수 있는 법이다. 연대의 힘이 필요한 이유다.

오늘도 오지랖 글 · 그림 진은영 | 오늘책

도움이 필요한 상황을 그냥 지나치지 못하고, 처음 보는 사람한테도 스스럼없이 말을 거는 오지랖 넓은 엄마. 기찬이는 그런 엄마가 좀 창피하고 불편하다. 하지만 어느 날 트럭에서 우르르 떨어진 귤을 정리하기 위해 다 함께 도로 위에 선 사람들을 보며 알게 된다. 오지랖이 얼마나 멋진 행동인지.

의자에게 글 김유 · 그림 오승민 | 모든요일그림책

홀로 구멍가게를 하며 사는 할머니는 딸이 쓰던 낡은 소파 의자를 가게로 가져오고, 등도 기대고 말도 건네며 작은 즐거움이 피어난다. 쓸쓸하고 외로운 마음을 기댈 수 있는 무언가가 있다는 건 행복한 일이다. 그게 내가 사랑하는 이들이라면 더할 나위 없다.

쫌 이상한 사람들 글 · 그림 미겔 탕코 | 문학동네

이 책 속에는 다양한 모습의 '쫌 이상한 사람들'이 나온다. 개미를 밟을까 봐 괴상하게 걷는 사람, 자기 편이 졌는데 상대에게 축하를 보내는 사람, 나무에게 고마워할 줄 아는 사람……. 조금 이상하기도, 그저 다정하기도 한 이들이 내 곁에 있다는 건 얼마나 다행인 일인가.

춤추는 가나다라 글 이달 · 그림 강혜숙 | 달달북스

자음 친구들은 혼자 놀기를 좋아하지만 '기역'은 다른 친구들과는 좀 달랐다. 혼자가 아닌 다른 누군가와 함께 어울리고 싶었던 '기역'은 더 넓은 세상에 나가보기로 했다. 비로소 함께할 수 있는 친구들을 만나게 된 기역. 서로의 손을 잡는 순간 더 다채로워진 나의 소리를 듣게 된다.

터널 밖으로 글 · 그림 바버라 레이드 | 제이픽

지하철역 안에 사는 생쥐 닙은 터널의 끝에 가보고 싶다. 위험하지만 아름답다는 그곳으로 떠나는 여행길에서 새로운 친구를 만났지만, 함께하는 게 더 좋기도 하고 더 힘들기도 하다. 하지만 그런 시간들을 함께 지내왔기에 새롭게 마주한 세상이 더 아름다운 것은 아닐까?

행복을 파는 가게 라이프 글 구스노키 시게노리 · 그림 마쓰모토 하루노 | 북뱅크

동네 변두리에 있는 '라이프'라는 작은 가게에선 물건을 팔지 않는다. 대신 사람들이 각자 자신이 가지고 온 물건을 두고, 가게 안에 있는 다른 무언가를 가지고 돌아간다. 단순한 재활용 가게가 아닌 서로가 서로를 살리며 살아가는 이곳에서 우리는 과연 무엇을 교환하고 얻어갈 수 있을까?

5장
그래도 서점은 계속된다

학부모가 되다

시간은 왜 이리 쏜살같이 흘러가는지, 첫째가 어느덧 초등학교에 갈 나이가 되었다. 불면증이라곤 없는 나도 아이의 입학식 전날에는 잠이 잘 오지 않았다. 무언가 새로운 것을 시작할 때 두려움이 있는 아이였고, 또래보다 많이 작은 키가 항상 마음에 걸렸다. 입학식 날 운동장에 선 아이들 중에 우리 아이가 역시나 가장 작은 편에 속했다. 책가방이 유난히 커 보이기도 했다. 잘할 수 있을까 걱정이 앞서 아이를 지켜보고 있었는데, 이 녀석은 벌써부터 담임선생님과 거리낌 없이 수다를 떨고 있었다. 괜한 노파심이었나 보다.

내 걱정과는 달리 아이는 금방 학교생활에 적응했다. 아침에 교문에 들어서면 엄마가 뒤에서 바라보고 있는 걸 아는지 모르는지 뒤도 안 돌아보고 교실로 들어간다. 다행히 학교생활이 재미있단다.

학교생활에 적응이 안 되는 건 오히려 나였다. 무슨 학교가 이리도 빨리 끝나는지……. 아이 학교 보내고 커피 한잔 마시고 있으면 얼음이 채 녹기도 전에 아이가 하교를 한다던데, 그 말이 무슨 얘기인지 알게 되었다. 아이들을 데려다주고 일 좀 하려고 하면 다시 데리러 가야 할 시간이었다. 그나마 매일 점심은 먹여서 보내주니 천만다행이다.

입학 전 맞벌이 부부는 돌봄 교실을 등록하지 못하면 큰일이라는 말에 책방 문까지 닫고 추첨하러 갔었다. 그런데 정작 합격을 하고 보니 또 다른 이야기가 귀에 들어왔다. '아이들이 돌봄 교실에 가는 걸 싫어한다더라', '다른 아이들이 돌봄 교실 가는 아이들을 불쌍해한다더라', '말만 돌봄이지 그냥 교실에 모아놓고 방치한다더라' 같은 안 좋은 이야기들 말이다. 원래도 귀가 얇은 편인데 어리바리 초보 학부모가 되니 이놈의 귀가 더 팔랑거렸다.

내가 멀리 떨어진 회사에 나가 있는 것도 아니고, 중간에 자리 비운다고 뭐라고 할 상사가 있는 것도 아닌데 돌봄 교실에 보내려고 하니 뭔가 아이에게 미안한 마음이 들었다. 나보다 더 절실한 엄마들도 있을 텐데 이 자리를 내가 차지하는 것도 도리가 아닌 것 같았다. 그래서 결국 돌봄 교실을 포기했다. 일과 아이를 키우는 일, 두 마리 토끼를 모두 잡고자 시작한 일이 책방 아니었나. 첫째가 많이 컸지만 여전히 어린아이라는 사실은 변함이 없었다. 혹시라도 아이에게 상처가 되는 일을 굳이 하고 싶지 않았다.

어쨌든 초등학교 1학년은 너무 빨리 끝난다. 학교에서 책방은 차로 7분 정도 거리에 있었는데, 먼 거리는 아니었지만 매일 데리러 가는 것은 일하는 나에겐 꽤 번거로운 일이었다. 또 하교 시간에 책방에 손님이라도 와 있으면 난감한 상황이 될 수도 있었다. 그래서 학원을 알아보기 시작했다. 제일 좋은 건 태권도인데, 이 녀석이 죽어도 싫단다. 주 5일 갈 수 있고, 다른 학원에 비해 수강료도 저렴하고, 픽업 차량까지 있어서 딱 좋은데 왜 안 간다는 건지……. 자기 고집이 생긴 아이는 이제 엄마가 하라는 대로만 하지 않는다. 그래, 그게 잘 크고 있다는 증거겠지.

어쩔 수 없이 책방까지 픽업이 가능한 학원 중에 아이가 마음에 들어 하는 몇 곳을 조합하여 학기 중 스케줄을 짰다. 1학기는 그렇게 별문제 없이 지나갔고, 대망의 초등학교 첫 방학을 맞이했다. 아이가 그래도 크긴 컸는지 이젠 책방에 몇 시간을 있어도 크게 지루해하지 않고, 스스로 이런저런 놀잇감을 만들어냈다. 중간중간 책방을 땡땡이 치고 아이와 놀러가기도 하다 보니 생각보다 금세 한 달이 지나갔다. 이거 할 만한데 싶었지만 자만은 금물이다. 진짜 고비는 바로 겨울방학이었다.

'방학이 두 달이라고? 중간에 개학했다가 다시 봄방학 하는 것도 아니고, 내리 두 달을?'

한 달과 두 달은 천지 차이다. 더군다나 어디 놀러 다니기도 쉽지 않은 추운 겨울이라 시간은 더욱 더디게 갔다. 무엇보다 두 달 동안 아이의 점심을 챙기는 것이 쉽지 않았다. 도시락을 싸서 다닐 만큼 부지런하지도 못 했고, 매일 배달 음식을 시켜 먹는 것도 고역이었다. 두 달은 정말 너무너무 길었다. 누가 그랬던가. 선생님이 미치기 전에 하는 것이 방학이고, 엄마가 미치기 전에 하는 것이 개학이라고. 그렇게 딱 미치기 일보 직전에 3월이 찾아왔.

남편한테는 내가 아이 돌보면서 이렇게 일한다고, 얼마나 힘든지 아냐고 투덜댔지만 사실 다른 워킹맘보다는 내가 훨씬 나은 상황이라는 것을 안다. 그리고 그 사실에 감사하고 있다. 오죽하면 워킹맘들 사이에선 '마의 초1'이라는 말이 생겨났으랴. 일하는 시간은 긴 데 비해 수입이 거의 없어서 내가 워킹맘인지 아닌지 정체성에 혼란이 왔던 시기도 있었다. 워킹맘처럼 집안의 경제력에 기여하는 것도 아니고, 그렇다고 전업맘처럼 아이들 케어와 살림에 전념하는 것도 아니고 뭔가 어중간한 느낌이랄까.

그래도 이 어중간함 덕분에 나도 아이도 나름 행복한 초등학교 생활을 보내고 있는 것 같다. 학부모 참여 수업이나 학부모 상담, 녹색 어머니 활동 등 학부모로서 해야 할 일들을 누군가의 눈치 보지 않고 참여할 수 있어서 좋았다. (개인적으로 녹색 어머니 활동은 하고 나면 그날 하루가 꽤 뿌듯해진다.) 갑자기 비가 오는 날엔 우산을 들고 학교 앞에서 아이를 기다릴 수 있어서 기뻤고 아이가 아픈 날엔 그냥 함께 집에서 쉴 수 있어서 마음이 놓였다. 방학 동안에는 아이와 이런저런 추억을 쌓을 수 있어서 즐거웠다.

내가 어릴 적엔 엄마가 일을 하느라 바빠서 비가 오면 그냥 비를 맞고 온 기억이 있고, 소풍 때 다른 아이들은 모두 엄마 손을 붙잡고 있는데 나만 선생님 손을 붙잡고 있었던 기억이 남아있다. 그게 상처가 된 건 아니었지만 어릴 때 기억 중에 하필 그런 기억이 아직까지 남아있는 걸 보면 뭔가 서운한 마음이 있긴 했었나 보다. 그저 내 아이에게는 그런 기억을 남겨주고 싶지 않았다.

가끔 이런 생각이 들 때도 있다.

'아이들만 없었다면 내가 책방 일에 더 집중하고 지금보다 더 잘 운영할 수 있을 것 같은데······.'

그런데 사실 그 생각은 틀렸다. 아마 아이가 없었다면 나는 책방을 시작조차 하지 않았을 테니, 전제부터 틀린 얘기다. 첫째 아이 덕분에 책방을 시작할 용기를 얻었고, 둘째 아이 덕분에 책방을 계속 이어나갈 의지를 키웠다. 책방은 나에게 '엄마라서 할 수 있는 일'인 것이었다.

책방 밖으로

 책방이라는 공간이 있다 보니 일하는 시간의 대부분은 책방 안에서 보내게 된다. 손님이 오기만을 하염없이 기다리면서 홀로 책방을 지키는 시간이 대부분이다. 너무 손님이 안 오는 날에는 '이 동네 사람들은 책도 안 보나?' 하면서 괜히 심술이 나기도 한다. 그러던 중 옆 동네 용인의 책방들이 주축이 되어 진행하는 북마켓 행사에 초대받아 참여하게 되었다. 제대로 북마켓에 나가본 것은 그때가 거의 처음이라 '무슨 책을 가져가야 하나, 책을 얼마나 가져가야 하나, 가져가면 팔리기나 할까' 이런저런 고민을 하며 짐을 꾸렸다.
 야외에서 진행되는 행사라서 뜨거운 햇살과 모래 바람에

고생을 좀 하긴 했지만, 5월의 한낮을 즐기려는 사람들로 마켓은 북적였다. 그리고 예상보다 책을 꽤 많이 팔았다. 책방에 있었다면 거의 3, 4주 정도 걸려서 팔 책을 이틀 만에 판 것이다. 그때 깨달았다. 책을 사는 사람이 없는 게 아니라, 우리 책방의 존재감이 없었다는 것을. 그동안 내가 우물 안 개구리처럼 그저 책방 안에서만 손님이 오기를 기다리고 있었구나. 손님이 안 오면 내가 직접 손님이 있는 곳으로 찾아갈 수도 있는 건데 미처 그 생각을 못 했다. 온라인 홍보만 하면 된다고 생각했는데, 가끔은 이렇게 직접 발로 뛰며 알리기도 해야 한다는 걸 그제서야 알게 된 것이다.

그때부터 기회만 있으면 책방 문을 박차고 밖으로 나갔다. 북마켓도 나가고, 서점인 행사에도 나가고, 체험 부스도 나갔다. 책방 안에 있으면 난 지지리도 책을 못 파는 책방지기였지만, 북마켓에 나가면 책 좀 팔 줄 아는 책방 대표로 변신했다. 그 시간들은 나의 자존감을 회복시켜 줬고, 일에 대한 시야를 더 넓혀주는 계기가 됐다.

그동안은 지원 사업도 항상 내 책방 안에서만 무얼 할 것인지 고민하고, 모객이 안 된다고 힘들어 했었는데 또 한번 생각의 전환을 해보기로 했다. 지역 학교 도서관과 협업하는 방식의 지원 사업에 공모하여 선정되었고, '학교로 찾아가는 동네 책방'이라는 이름으로 또다시 책방 밖으로 나가게 되었다. '어린이도 어엿한 독자입니다. 내가 보고 싶은 책, 내가 직접 골라요!'라는 슬로건을 달고 책을 한 아름 안고 학교로 찾아갔다. 아이들이 내가 들고 간 그림책들을 직접 눈으로 보면서 고르고 구매해 보는 경험을 해보도록 한 것이었다. 물론 지원 사업이었기 때문에 진짜 돈을 주고 산 것은 아니지만, 아이들은 자신들이 가진 교환권으로 원하는 책을 선택해서 가져갈 수 있었다. 어떤 책을 고를까 고민하는 아이들의 눈빛이 얼마나 예뻤는지 모른다.

말하자면 지원 사업을 통해 지역 학교에 책을 기부한 셈이 되는데, 동네 책방으로서 지역 내 아이들에게 책 선물을 해줄 수 있어서 나 역시 뜻깊었던 시간이었다. 학교 선생님들도 너무 좋은 취지의 행사라며 우리 책방을 응원해 주셨고, 행사가 끝난 뒤에도 도서관 납품을 통해 계속 연을 이어나가게 되었다. 책방 안에만 있었다면 절대 경험해 보지 못했을 일이다.

책방이라는 고정된 공간이 아닌 차 안에 책을 싣고 다니며 파는 이동형 책방의 이야기를 들은 적이 있다. 책방보다 훨씬 한정적인 서가에 매번 자리를 옮겨 다녀야 하는 쉽지 않은 일이었지만 그 경험을 통해 얻는 것이 참 많았다고 한다. 고육지책으로 시작한 북트럭이 더 많은 기회를 가져다 준 것이다. 그처럼 책방 안에서 할 수 있는 일들도 물론 많지만, 책방 안에만 갇혀 있으면 안 된다. 책방 밖에서도 책방은 존재할 수 있다. 앞으로 또 밖에 나가서 무슨 일을 벌여볼까 고민 중이다. 나의 로망 중에 하나가 예쁜 바닷가에 한 달쯤 머물면서 남편과 아이들은 물놀이를 하고, 나는 시원한 그늘에서 그림책을 펼쳐놓고 파는 것인데……. 어느 날 바닷가에서 그런 여자를 만난다면 그게 나인 줄 아시기를.

홍보는 어려워

종종 "이제 책방이 완전히 자리를 잡았나 봐요"라는 말을 듣는다. 분명 이것저것 많이 하고는 있으니 온라인상으로 그렇게 보일 수도 있겠다는 생각이 든다. 그러나 현실은 그렇지 않았다. 6년이 지나도록 여전히 책방에 찾아오는 손님의 수는 고만고만하고, 납품이나 강의를 제외하면 순수하게 책 팔아서 버는 돈으로는 여전히 월세 내기도 빠듯했다. 문화 행사를 하면 언제나 모객 걱정에 전전긍긍 하는 신세이니 '자리를 잡았다'는 말이 과연 우리 책방에 적용할 수 있는 문구인지 자신이 없었다. 가끔 처음 방문하는 분들은 이런 말을 한다.

"우리 동네에 이런 곳이 있는지 몰랐어요."

홍보를 한다고 하는데도 여전히 책방의 존재 자체를 모르는 사람이 수두룩하다. 그래서 이런 이야기를 들을 때마다 언제나 제자리걸음을 하고 있는 느낌이다.

책방을 하면서 가장 힘든 일을 뽑으라면 무엇보다도 홍보가 아닐까 싶다. 내 나름대로는 해볼 수 있는 것은 다 해봤다고 생각한다. 무료로 할 수 있는 블로그, SNS 운영부터 네이버, 당근마켓 등 온라인 유료 광고도 해보고 포스터, 현수막, 배너 등 실물 홍보물을 만들어 게시하는 형태의 오프라인 홍보도 진행해 보았다. 돈을 내고 아파트 게시판에 홍보 전단을 게시한 적도 있고, 아예 1년짜리 광고를 부착한 적도 있었다. 여름에는 책방 이름이 들어간 부채를 만들어 뿌려보기도 했는데, 효과가 전혀 없었다고 할 수는 없지만 언제나 투자한 돈에 비해서는 미미한 수준이었다. 외모에 그다지 자신 없는 내가 홍보를 하겠다고 얼굴까지 드러내고 인터뷰나 홍보 영상 제작에 참여한 적도 몇 번 있었다. 매우 부끄럽지만 뭐라도 해야 하는 상황이니 어쩔 수 없었다. 그렇게 흑역사를 남기고도 홍보 효과는 매우 적었지만 말이다.

가끔은 온라인 홍보를 해주겠다며 체험단이나 바이럴 마케팅을 진행하라는 연락이 오기도 한다. 아무리 홍보 효과가 있다고 하더라도 우리 책방에 대한 가짜 후기가 올라오는 것은 싫었기에 그런 제안은 언제나 거절하였다. 무료로 해주겠다고 해도 그건 싫었다. (그리고 세상에 공짜가 어디 있나. 무료 홍보라는 말은 대부분 사기다.)

6년 동안 열심히 SNS 활동을 해서 많은 팔로워를 얻게 되었지만, 작은 동네 책방에 진정 필요한 것은 온라인 인맥보다 실제로 이 공간을 참새 방앗간마냥 들러줄 동네 사람들이었다. 아무리 생각해도 동네 사람들에게 홍보할 만한 곳은 맘카페밖에 떠오르지 않았다. 동네마다 맘카페 분위기가 다르겠지만, 우리 동네 맘카페는 순수한 정보 교류의 장이라기보다는 거의 기업형 홍보 플랫폼 같은 분위기였다. 맘카페에 홍보를 하려면 돈을 내고 광고 업체로 입점을 해야 했다. 비용이나 알아보자는 심정으로 문의를 했는데, 입이 떡 벌어졌다. 한 달 입점비가 30만 원이 넘는데, 그것도 부가세는 별도이고, 입점을 하려면 무조건 1년 계약을 해야 하며, 우선 3개월분은 선납을 해야 한단다.

그러면 맘카페 홍보를 위해 거의 400만 원을 지출해야 한다는 뜻인데, 홍보비 이상의 수익을 내려면 도대체 하루에 책을 얼마나 팔아야 한다는 소리인가? 과연 그 정도 홍보 효과가 있을까? 나같이 영세한 자영업자에게는 오르지 못할 나무 같은 맘카페 입점인데도, 홍보에 아쉬운 마음이 들 때마다 자꾸만 맘카페를 쳐다보게 된다. 하아……. 하늘에서 홍보비가 뚝 떨어지면 좋으련만.

요즘은 또 홍보를 하려면 유튜브를 해야 한다는 조언도 수없이 들었다. 정말 해야 할 것이 너무 많다. 유튜브를 할 생각은 아직까지는 없지만, 한다고 해도 과연 어떤 콘텐츠로 채워야 하는 것일까? 이젠 내가 촬영팀에 편집팀 역할까지 해야 하는 것일까? 진짜 몸이 열 개라도 모자랄 판이다.

문득 그림책 『핑!』이 떠오른다. 탁구에서 핑퐁거리며 공을 주고받듯, 사람 사이의 관계를 '핑'과 '퐁'으로 이야기하는 이 책은 삶의 모든 부분에 적용이 가능해서 내 마음의 평화가 필요한 순간마다 자주 펼쳐보게 되는 책이다. 내가 할 수 있는 것은 오직 핑일 뿐, 퐁은 상대의 몫이라는 그 말은 언제 들여다봐도 진리다. 내가 던진 핑에 돌아오는 상대의 퐁은 나의 기대와 다를 수 있고, 모든 퐁에는 의미가 있다. 어쩌면 나에게 돌아온 퐁은 계속 고민하고 정진하고 겸손하라는 의미인지도 모르겠다.

'그게 그렇게 쉬울 줄 알았어? 정말로 열심히 하고 있는 거 맞아? 정말 최선을 다하고 있는 건지 다시 한번 생각해 봐!'

나를 맥 빠지게 하고 속 터지게 하는 풍이지만, 그렇다고 원망만 하고 있을 수는 없는 노릇이다. 내가 할 수 있는 것은 오직 핑일 뿐, 온 마음을 다해 더 열심히 핑을 해볼 수밖에……. 아, 사는 거 참 쉽지 않네.

책방 집 아이들은 뭔가 다른가요?

처음 책방을 시작했을 때 첫째 아이는 4살이었다. 책방을 하려던 이유 중 하나가 아이들 교육이나 정서에 분명 도움이 되리라는 믿음이 있었기 때문이다. 일종의 '맹모삼천지교' 같은 마음이랄까? 그래서 지금 그 아이는 어떻게 자랐냐고 묻는다면……. 그냥 그 또래 아이들처럼 놀이터 좋아하고, 유튜브 좋아하고, 게임 좋아하는 평범한 10살 남자아이다. 엄마가 책을 읽어주는 건 좋아하지만 딱히 독서에 취미가 있지도 않다. 그도 그럴 것이 엄마가 책방을 하고는 있지만, 바쁘다는 핑계로 오히려 아이에게 책을 많이 읽어주지 못했기 때문이다.

한번은 창업을 준비하는 과정에서 동네 단골 반찬 가게 사장님께 조언을 구했던 적이 있다. 아이 둘을 키우고 있던 그분은 가게 내부에 아이들이 있기 편하게 좌식 공간과 테이블을 마련해 놓았다. 퇴근길에 반찬을 사러 가면 아이들이 엄마가 일하는 공간에서 함께 있는 모습이 보기 좋았다. 그런데 그 사장님은 손사래를 치셨다. 먹는 장사라서 다른 건 몰라도 아이들 밥은 잘 챙겨줄 수 있을 것 같아 시작한 일이었는데, 바쁘다 보니 정작 자기 아이들은 매일 치킨, 피자나 시켜주고 있다고 말이다. 그땐 그게 조금 이해가 안 됐는데, 내가 바로 그 짝이었다. 아이가 하원 후에 책방에 오면 책을 읽어줄 시간이 별로 없어 대신 휴대폰을 손에 쥐어주곤 했으니까……

   그럼에도 공간이 주는 힘은 분명 있었다. 아이는 엄마가 매번 새롭게 진열해 놓은 책들을 잘 찾아냈고, 손님이 오면 종종 자신이 좋아하는 그림책을 추천해 주며 사 가라고 권하기도 했다. 집에서는 자기 책장에 있는 책을 꺼내 이렇게 저렇게 진열해 보면서 "여기는 내 서점"이라고 말했다. 자기만의 '책방 놀이'를 하는 것이었다. 부끄러움이 많아서 인사도 잘 못하는 아이였지만, 엄마와 함께 북마켓에 나가면 돌변해서 모르는 사람들에게 "책 사세요!"를 외쳐 대기까지 했으니 이만하면 책방 아들이 맞긴 한 것 같다.

약간의 부작용도 있었다. 아이가 초등학교에 입학하고 나니 수업 시간에 선생님이 그림책을 읽어주는 날이 많았다. 그때마다 아이는 "저 책 우리 엄마 책방에 있는데!"라며 갑자기 수업과 상관없는 말을 내뱉거나 그림책의 내용을 스포일러 하는 경우가 있어서 선생님과 반 친구들의 눈총을 받았던 적도 있다. 책방과 그림책을 알리고 싶은 마음이 엄마만큼 큰 탓이라고 해야 하나……. 이 귀여운 책방 아들은 오늘도 어떤 책을 살까 고민하고 있는 손님들에게 이렇게 외친다.

"둘 다 재밌어요! 우리 엄마 돈 벌게 책 좀 많이 사주세요!"

둘째 아이는 책방 운영 3년 차에 태어났다. 생후 45일부터 엄마와 함께 출근하며 1년여를 책방에서 생활한 진정한 '책방 아이'라고 할 수 있다. 사실 둘째는 첫째보다 더 책을 못 읽어줬다. 그런데도 아이는 책을 참 좋아한다. 어린이집 선생님이 "역시 어머니가 서점을 하셔서 그런지 아이가 책을 정말 좋아하더라고요. 어머님이 책을 많이 읽어주셨나 봐요"라고 말씀하셔서 조금 민망했던 기억이 난다. 책방에 오면 표지 구경만 하던 첫째와는 달리, 둘째는 적극적으로 책을 꺼내서 혼자 읽기를 시도한다. (물론 책을 거꾸로 들고 읽을 때가 많다.) 한 페이지

한 페이지 넘기며 스스로 이야기를 만들어 나가는 모습이 참 귀엽고 신기하다.

 4살이 되자 둘째 아이도 책방 놀이를 하기 시작했다. 책을 쌓아놓고 가족을 한 명씩 호출해가며 책을 강매(?)한다. 책값은 무조건 10만 원. 어쩌면 우리 딸이 나보다 더 수완 좋은 책방지기가 될지도 모르겠다. 아이가 책방 물려받겠다고 하는 날이 올지 모르니 책방을 잘 꾸려나가야지.

 부모님이 책방을 한다고 아이들이 꼭 책을 많이 읽고 공부를 잘해야 할 이유는 없다. 오히려 그런 시선들이 커가는 아이들에게 부담이 되지 않기를 바란다. 여기서 양심 고백을 해본다면, 책방 일을 한다고 아이들에게 소홀했던 적도 많았다. 그림책은 매일 새롭게 진열하면서 아이들 반찬은 매일 똑같이 주고, 남들에겐 아이들과 책방에 놀러오라고 말하면서 정작 우리 아이들에겐 일에 방해가 되니 집에 가 있으라고 말하는, 나는 그런 엄마다. 그럼에도 불구하고 나중에 "엄마가 책방을 해서 좋았어"라는 말을 듣고 싶다면 너무 욕심일까? 어찌 됐든 엄마와 함께했던 이 공간이 아이들의 기억 속에 행복한 느낌으로 자리 잡았다면 그걸로 됐다. 그래, 그걸로 충분하다.

어쩌다 보니 시즌3

 동네 책방 중에 한 번 정도 매장 이전을 하는 곳은 많지만, 두 번이나 공간을 옮기는 곳은 흔치 않다. 그 흔치 않은 일을 내가 해냈다. 돌이켜보면 나는 회사를 다닐 때도 이직을 많이 했었다. 이직의 이유는 단순했다. '지금 회사에 대한 불만족' 그것 말고 무엇이 있겠는가. 내가 절대 욕심이 많은 사람은 아니다. 그래도 어느 정도 만족할 만한 수준까지는 다다르고 싶었기 때문에 기회가 생기면 이직을 했다. 회사 생활을 하면서 수시로 구인구직 사이트를 들어가 보는 게 취미일 정도였다. 그러다 내가 갈 수 있는 괜찮은 회사의 채용 공고가 뜨면 바로 도전했고, 그게 나의 이직 비결이었다. 그렇게 몇 번의 이직을 통해 경력을 쌓고, 연봉을 높여가다가 '이 정도면 괜찮지'라고 느껴지는 회사를 만나게 되었고, 나의 이직 역사도 멈추게 되었다.

이직과 마찬가지로 책방 이전의 이유도 '현재 공간에 대한 불만족' 때문이었다. 앞에서도 이야기했지만 내가 처음 책방을 연 곳은 집과 아주 가까운 거리였다. 부모님 도움 없이 아이를 키우며 책방을 운영해야 하니 집과 가까워야 했는데, 동네 끝자락이라 유동 인구가 적고 대중교통도 열악해 차가 없으면 찾아오기 어렵다는 단점이 있었다. 그래도 카페였던 곳을 인수한 거라 구조나 인테리어가 괜찮아 초보 책방지기에게 나쁘지 않은 선택이었다. 아마도 누수 사건만 아니었다면 그렇게 갑자기 이전하게 되지는 않았을 것 같다.

두 번째 책방 공간은 친정이 있는 아파트 단지 상가였다. 둘째가 이제 막 6개월 정도밖에 되지 않았던 터라 누군가의 도움이 절실했다. 출퇴근 거리는 차로 30분 정도로 늘어났지만 기댈 곳은 역시 친정뿐이었다. 이미 금전적 손해가 있었기에 공간 자체는 더 좁아질 수밖에 없었다. 그래도 주차 공간이 매우 쾌적했고, 직장에 딸린 어린이집이라 할 만큼 가까운 국공립 어린이집이 있었고, 무엇보다 언제나 도움을 주는 친정이 가까이 있었기에 그 당시 나에게는 최선의 선택이었다.

물론 팬데믹 상황에 공간도 좁아지고 책방 위치도 나 홀로 동떨어져 있는 아파트 단지다 보니 매장을 찾아오는 사람들은 많이 줄어들었다. 나는 자연스럽게 온라인 활동에 더 신경을 쓰게 되었다. 온라인상에서 책방에 대한 인지도는 점차 높아졌고, 매출 역시 매장보다 온라인 스토어에서 더 많이 발생하게 되었다. 고마운 일이었지만 또 다른 고민거리가 생겨났다. 그건 바로 정체성에 대한 고민이었다. 근근넝넝은 동네 책방인가, 온라인 서점인가. 매일 같이 택배 포장을 하고 있지만, 정작 매장을 찾아오는 손님은 거의 없는……. 이곳이 책방인지, 온라인 쇼핑몰 사무실인지 헷갈리는 그런 상황이 나의 마음을 무겁게 했다.

그 사이 예쁜 그림책방들이 전국 곳곳에 생겨났다. 그 책방들이 성장하고 사랑받는 모습을 보며 응원도 했지만 부러운 마음도 커졌다. 나도 이제 다시 조금 더 넓고 예쁜 공간을 가지고 싶다는 욕구가 스멀스멀 올라오고 있었다. 그렇지만 만만치 않은 주변 상가 임대료에 그저 꿈만 꿀뿐이었다.

세 번째 공간으로 이전하게 된 것은 정말 우연한 계기였다.

단골손님과 함께 수다를 떨다가 동네 상가 임대료가 비싸다는 얘기를 나누게 되었다. 그러면서 그냥 자연스럽게 부동산 사이트에서 상가 임대 매물을 검색하게 되었는데(구인구직 사이트를 둘러보던 것처럼, 책방을 하고 나서는 부동산 사이트를 둘러보는 게 취미가 됐다) 유난히 저렴한 상가 한 곳이 눈에 띄었다. 첫째 아이가 다니는 초등학교 근처였고 대단지 아파트가 둘러싸고 있으며, 지하철역에서 걸어서 10분 거리였다.

'이 위치에 이 월세는 말이 안 되는데?'

갑자기 이게 허위 매물인지 아닌지 궁금해졌다. 그래서 부동산에 연락해서 확인해 봤는데 허위 매물이 아니었다. 다만 상가 건물 앞쪽에서 바라봤을 때 보이지 않는 지층 매장이라 저렴하게 내놓은 것이라고 했다. 지금보다 위치적으로 더 괜찮은 곳인데 심지어 평수는 더 넓고, 임대료는 더 저렴했다. 책방을 옮기고 싶다는 생각이 휘몰아쳤다. 아니, 이미 마음속으로는 결정을 했다. 이전을 하기로.

남편에게 그 공간을 보여줬더니 이런저런 이유로 마음에 들어 하지 않았다. 저렴한 데는 다 이유가 있다는 것이다. 그렇지만 이미 나는 '답정너' 상태에 빠져있었고, 남편이 반대하는 이유를 '모든 걸 다 만족시킬 수는 없어'라는 기적의 논리로 방어했다. 그랬는데 이번에는 부모님도 반대를 하셨다. 남편과 같은 이유였다. 부모님까지 반대를 하시니 철옹성 같았던 나의 마음도 흔들렸다. 이전할 생각으로 들떠 있었는데 뭔가 찬물이 끼얹어진 기분이었다. 그때 부모님이 그 상가 바로 앞에 있는 다른 공실 상가를 바라보며 "저기는 어때?"라고 하셨다. 보증금이 지금 매장보다 비싸서 염두에 두고 있지 않았던 곳이었는데 해도 잘 들고, 공간도 충분히 넓었다. 책방을 하면 좋을 것 같은 곳이었다. 그렇게 생각지도 않았던 곳으로 갑작스럽게 이전을 결정하게 되었다.

결론적으로 지금의 세 번째 공간은 꽤 만족스럽다. 공간 자체도 마음에 들지만, 어찌 보면 책방에 도보로 드나들 수 있는 사람이 꽤 많은 곳에 자리 잡게 된 것도 처음이다. 산책을 하다 우연히 책방을 발견하고 들어오는 분들이 늘어났다. 일주일에 두세 번씩 방문하는 사람들도 늘어났다. 어른 없이 아이들끼리만 책방에 놀러 오는 경우도 생겼다. 첫째 아이가 다니는 학교다 보니 아이 친구들이 심심하면 들르는 장소가 되기도 했다. 이미 4년이 넘게 동네 책방을 운영했지만, 이제야 비로소 '진짜 동네 책방'이 된 기분이다.

첫 번째 공간은 (세상살이의 매운맛도 맛보게 해준 곳이기도 하지만) 내가 처음으로 새로운 도전을 해보기에 적당한 곳이었다. 두 번째 공간은 어린 둘째와 함께 내가 꿈을 포기하지 않고 계속 이어나갈 수 있었던 최선의 장소였다. 그리고 세 번째 공간은 그간의 시간들이 헛되지 않았음을 확인시켜 주는 곳이길 바란다. 이 중 의미 없던 시간도, 후회만 가득한 공간도 없다. 그 모든 것이 쌓여 지금의 근근넝넝을 만들었으니 말이다. 그래서 이제는 이전을 안 할 거냐고 묻는다면 대답은 "아니"다. 나의 최종 목표는 임대가 아닌 내 상가에서 책방을 하는 것이다. 언제일지 모르지만 그런 날이 와서 정말 마지막으로 책방을 이전하는 날이 왔으면 좋겠다. 그러려면 도대체 책을 얼마나 팔아야 할진 모르겠지만.

마음이 가난해지지 않도록

 이사를 해 본 사람은 알겠지만 단순히 이사 업체를 이용하는 비용 말고도 부가적으로 지출하게 되는 돈이 많다. 필요한 경우 인테리어도 다시 해야 하고, 새 집에 어울리는 가구나 가전도 새로 장만해야 하니 말이다. 나 역시도 책방을 이전할 때마다 지출되는 비용이 꽤 많았다. 세 번째 이전 장소는 인테리어가 하나도 되어있지 않은 그냥 콘크리트 상태의 공간이어서 일단 인테리어 비용부터 만만치가 않았다. 마음이야 실력 좋은 인테리어 업체에 맡겨서 전체적으로 예쁘게 꾸미고 싶었지만, 기본적인 것을 하는 것만으로도 이미 대출을 받아야 할 상황이었기 때문에 욕심을 낼 수는 없었다.

간판 옮겨 달기, 벽에 페인트칠하기, 바닥에 데코 타일 깔기, 최소 수준의 기본적인 조명 달기, 커튼과 블라인드 설치하기, 천장형 냉난방기 설치하기까지 끝내고 나니 벌써 1,000만 원이 넘게 들었다. 층고가 높은 곳이다 보니 모든 작업에 기본적으로 인부 두 명이 필요해서 인건비도 많이 들었다. 돈이 없어서 어닝을 못 달았다는 소리에 시어머니께서도 돈을 보내주셨다. 친정 엄마도 보증금에 보태라고 큰돈을 빌려주셨다.

책방을 4년 하고도 모아둔 돈이 없어 이렇게 도움만 받았다. 나 혼자 책방을 운영한다고 생각했지만, 돌이켜보면 혼자만의 힘으로는 이어올 수 없었던 시간이었다. 이 모든 감사한 마음에 보답하려면 좌절하지 않고 뭐든 해보는 수밖에 없다.

나는 원래 베풀고 나누는 걸 좋아하는 사람이었는데, 그것도 경제력이 기반이 되었을 때의 이야기다. 회사 생활을 할 때는 '혜자로운 혜미 과장님'이라고 불리기까지 했었는데, 지금은 월급을 받을 때보다 현저히 낮은 수입이다 보니 나도 모르게 마음 씀씀이마저 작아지게 되었다. 그런 내 모습을 발견할 때마다 부끄러워졌다.

그래서 기부를 시작했다. 처음에는 가진 것이 책이 전부이다 보니 책 기부를 했지만, 책을 기부하는 일은 생각보다 번거로웠고 크게 환영받지도 못했다. 그래서 작은 금액이나마 매달 현금을 기부하기로 했다. 책방에 와서 마음에 드는 책을 골라 사 가는 아이들의 얼굴엔 미소가 가득하다. 우리 책방에 오면 모두가 행복해지길 바란다고 말하고 있지만, 정작 먹고사는 일이 너무 힘들어서 책방에 오는 것은 꿈도 못 꾸는 아이들도 있겠다는 생각이 들었다. 그 아이들에게도 행복을 전하려면 책도 좋지만 기본적인 생활을 영위할 수 있게 도와주는 것이 먼저였다. 그래서 책을 팔아서 번 돈의 일부를 어린이 구호단체에 매달 기부하기로 했다. 이것은 내 마음이 가난해지지 않기 위한 일이기도 했다.

"책방을 시작하고 나서 많이 가난해졌다"라고 농담처럼 떠들고 다녔지만, 내 마음마저 쪼그라드는 순간 진짜로 가난한 사람이 될 것만 같았다. 이 정도도 나누지 못할 바에는 이쯤에서 그만두는 게 맞을 것이다. 그래서 기부는 내가 책방을 계속하고 싶은 의지의 표현이기도 하다.

타인에게 선행을 베푸는 일은 언젠가 자신에게 돌아오기 마련이다. 이범재 작가의 그림책 『누구지?』에는 친구를 생각하는 착한 토끼 한 마리가 나온다. 토끼는 눈이 많이 내린 어느 날, 혹시나 친구들이 넘어지기라도 할까 봐 아침 일찍 부지런히 눈 쌓인 길을 쓸었다. 그러고 집으로 돌아오니 세찬 바람에 문이 떨어져 덜렁거리고 있는 게 아닌가. 빨리 문을 고치지 않으면 밤새 추위에 고생을 하게 될 것이 뻔한 상황이었다. 그때 마침 곰이 못과 망치를 가져와서 토끼네 집 문을 고쳐주었다. 곰은 어떻게 알고 토끼를 찾아온 것일까? 그건 바로 친구들을 위한 마음에서 시작된 토끼의 작은 선행이 돌고 돌아 다시 토끼에게로 되돌아온 결과물이었다.

 이게 꼭 그것 때문인지는 알 수 없지만, 나 역시 기부를 시작하고 나서 크고 작은 좋은 일들이 꽤 많이 생겼다. 이 책을 쓰게 된 것도 그중 하나다. 이 세상은 보이지 않는 끈으로 모두 연결되어 있고, 내 작은 마음들도 어떤 형태로든 다시 나에게 되돌아오고 있는 것이라 믿는다. 그 믿음이 내 마음을 부자로 만들어준다. 물론 이 기부 또한 나 혼자 하는 것은 아니다. 우리 책방에서 책을 사 간 모든 이들이 함께하는 것이다. 작은 책방에 내어준 다정한 마음들이 퍼져나가 더 많은 이들에게 행복의 씨앗이 되어주길 바란다.

열정과 무기력 사이

 기대가 크면 실망도 크다. 인생이 내 뜻대로 되지 않는다는 걸 안 이후로 나는 매사에 자꾸 기대감을 품는 내가 싫었다. 결국 실망하고 좌절하게 될 것을 알면서도 왜 자꾸만 기대감을 가져서 더 아파하고 힘들어하는 건지 스스로 바보같이 느껴질 때도 많았다. 기대하지 말자. 기대하지 않으면 실망할 것도 없다고 생각하면서도 내 가슴은 자꾸 기대감이라는 풍선을 불어댄다.

 세 번째 이전을 하면서도 큰 기대는 하지 말자고 그렇게 다짐했지만 마음속 풍선은 또 제멋대로 부풀어 오르고 있었다. 다행히 매장 손님은 조금 늘었고, 공간에 대한 만족감도 있었다. 그렇지만 책방 사정이 딱히 나아진 것은 아니었다. 왜냐하면 온라인 매출이 낮아졌기 때문이다. 이전한다고 꽤 많은 돈을 지출했는데 책방 수입은 그대로니 마음이 점점 불안해졌다. 결국 기대감이라는 풍선은 뻥 터져버리고 말았다.

새롭게 시작하며 불타오르던 나의 마음은 차갑게 식어가기 시작했다. 실망은 무기력을 불러왔고, 나는 또 아무것도 하기 싫은 상태로 빠져들었다. 언제나 이런 식이다. 책방지기인 나는 열정과 무기력 사이를 오가며 신이 나서 일을 하기도 하고, 그저 하루하루 시간만 때우다 집에 가기도 한다.

그렇게 무기력의 나날을 보내던 중에 우연히 우리 지역에 새로운 그림책방이 생겼다는 소식을 듣게 되었다. 우리 책방에서 차로 10분 거리에 위치해 있었는데, 그곳은 이 근방에서 임대료가 가장 높은 곳 중 하나였다. 그 말은 좋은 상권이라는 얘기다. 게다가 인테리어까지 완벽하게 예쁜 공간이라니……. 여러 가지 감정이 밀려왔다. 도대체 그 비싼 임대료를 감당하면서까지 그곳에 책방을 차린 사람이 누굴까? 그것도 그림책방을? 그냥 책방이면 몰라도 우리 지역에 그림책방이 또 생길 거라고는 전혀 생각 못 하고 있었다. 내가 여지껏 하고 있긴 했지만, 진짜 돈 안 되는 일이 맞긴 맞으니까. 나는 잘 모르고 시작한 거고, 과연 또 누가 이런 일을 하겠나 싶었다.

그동안 다른 책방 다녀온 후기도 남기고, 책방 창업 강의도 하면서 동네마다 책방이 생기면 좋겠다고, 더 많은 책방이 생겨야 한다고 부르짖고 다녔는데 갑자기 말문이 막혀왔다. 그 동네 사는 사람 중에 우리 책방 손님들도 많은데, '이젠 더 가까운 곳에 더 예쁜 책방이 생겼으니 손님을 다 빼앗기겠구나'란 생각이 먼저 들었기 때문이다. 그동안 내가 해왔던 말들이 다 거짓이고 가식처럼 느껴져서 얼굴이 화끈거렸다. 나는 결국 이런 사람이었구나. 상생이며 연대며 그런 말은 개나 줘버려야지. 나는 내 이익이 먼저인 속물이었다.

'난 이전하면서 돈이 없어서 인테리어도 겨우 했는데, 지금도 돈 때문에 매일 스트레스 받고 있는데, 저 사람은 아무래도 돈 많은 부자인가 보네.'

이런 못난 시기심도 올라왔다. 점점 가슴이 답답해져 오기 시작했다. 내 안의 부정적 감정들이 나를 더 삼켜버리기 전에 정신을 차려야 했다. 마음을 추스르고 SNS를 통해 먼저 메시지를 보냈다. 우리 동네에 새로운 책방이 생긴 걸 축하한다고 말이다. 얼마 뒤 답이 왔다. 그렇게 대화를 시작했고, 머지않아 그분의 정체를 알게 되었다. 우리 책방에 종종 오시던 단골손님이었다. 말도 잘 못하는 어린아이와 함께 와서는 재미있게 그림책을 읽어주던 다정한 엄마이자, 집에 돌아갈 때는 잊지 않고 아이가 좋아했던 책 한 권을 꼭 사 가시던 고마운 분이었다. 한동안 발길이 뜸하다 싶더니 책방 오픈 준비를 하고 계셨던 모양이다.

아이가 드디어 유치원에 가게 되면서 유치원 근처에 꿈꾸던 작은 책방을 열게 되었다고 했다. 많은 엄마들에게 그림책을 읽어주면서 궁극적으로 내가 그들에게 하고 싶었던 말은 '엄마라는 삶에만 매몰되지 말고, 나의 꿈을 향해 나아가라'였다. 그래서 그림책 공부를 하는 엄마들, 책방 창업을 준비하는 엄마들에겐 특히나 더 아낌없이 많은 걸 내어주려 했었다. 그런데 이런 사람을 내가 시기하고 경계하고 있었다니, 그저 부끄러울 따름이다. 역시 먼저 말을 걸어보길 잘했다는 생각이 들었다.

이 일을 계기로 나는 다시 무기력에서 탈출할 수 있었다. 새로 시작하는 작은 책방을 보니 내가 처음 책방을 오픈했던 그때의 감정들이 되살아났다. 그동안 내가 참 안일한 생각을 가지고 책방을 운영해 왔던 것은 아닌지, 타성에 젖어왔던 건 아닌지 반성하게 되었다. 이제는 익숙해진 일이라 대충 넘어가

거나, 어차피 해도 안될 것이 뻔해서 시도도 안 해보거나, 감사함을 잃어버린 채 남 탓만 해왔던 무기력의 시간들이 후회로 다가왔다. 그리고 비로소 새로운 책방의 탄생을 진심으로 축하할 수 있게 되었다. 먼저 이 길을 걸어준 내가 있어서 용기를 낼 수 있었다고 말해주는 그녀, 그 덕분에 나도 다시 초심으로 돌아가 또 이런저런 일들을 벌여본다. 도울 수 있는 일이 있으면 돕고, 함께 할 수 있는 일이 있다면 함께 하며 서로 성장할 수 있는 관계가 될 수 있기를 꿈꾸어 본다.

다시 시작하고 싶은 당신에게

 책방에 있다 보면 많은 엄마들을 만나게 된다. 그중에 대다수는 흔히 말하는 경단녀들이다. 아이가 생긴다는 것은 분명 큰 축복이지만, 어떤 엄마들에겐 자신의 일을 내려놓아야 하는 삶의 큰 변곡점이 되기도 한다. 아이를 키우며 일을 할 때보다 더 큰 행복감과 만족감을 느끼는 엄마들도 있을 테고, 전업주부가 된 현실을 충실히 살아내면서도 마음 한구석이 허전한 엄마들도 있을 것이다. 분명한 건 어느 쪽이든 개인적인 성향과 삶의 가치관 차이일 뿐이지 모성애의 문제는 아니라는 것이다.

 누군가는 '아이가 크면 그때 다시 일하면 된다'라고 말하지만 그건 결코 쉬운 일이 아니다. 경력 단절의 기간이 길어지면 길어질수록 일에 대한 자신감의 크기도 줄어들기 마련이니까. 퇴사와 동시에 책방을 오픈한 나의 마음속에도 어쩌면 그런 생각이 깔려 있었는지도 모르겠다. '지금 멈추면 영원히 멈출지도 모른다'는 불안감이 나를 잠시도 쉬지 못하게 채찍질했던 것 같다. 그래서 다시 시작하고 싶은 마음은 있지만 너무 오래 엄마로만 살아와서 어떻게 해야 할지 모르겠다는 그녀들을 마주하게 될 때면 자꾸만 뭐라도 도와주고 싶어진다.

그림책 『틈만 나면』을 보았을 때 울컥했던 것도 아마 그런 이유에서였을 것이다. 어떠한 환경에서도 작은 틈만 있다면 뿌리를 내리고 자라나는 작은 들풀들……. 딱딱한 아스팔트의 한구석을 비집고, 어두운 하수구 속에서도, 전봇대 옆에서도, 담벼락 틈 사이에서도, 지붕 위에서도 초록 잎을 뻗어나가고 꽃을 피워내는 그 모습이 눈물겨우면서도 참 아름답다.

나로 살아가는 것, 내가 삶의 중심인 것이 당연했던 그 시절을 지나 이제는 내 이름보다 누군가의 엄마로 불리는 것이 더 자연스러운 일상을 살아가고 있다. 나라는 존재는 점점 희미해지는 것 같고, 나만을 위한 시간을 보내는 것은 사치처럼 느껴지기도 한다. 그 순간 마음속 깊은 곳에서 작지만 간절한 목소리가 들려온다.

'나로 살고 싶어……!'

대단한 무언가가 되고 싶은 것은 아니다. 주인공의 자리에 서고 싶은 것도 아니다. 그저 화려하고 빛나는 곳이 아니더라도 나로 살아갈 수 있는 그 작은 틈이 필요할 뿐이다. 꼭 어떤 직업을 가져야만 나로 살 수 있는 것은 아니다. 육아와 살림 이외에 내가 좋아하는 일, 나에게 의미 있는 일을 발견하는 것이 우선이라고 생각한다. 그러기 위해서 엄마들도 조금 더 다양한 사람들을 만나고, 새로운 것들을 배우고, 그동안 해보지 않았던 것들을 경험해 보았으면 좋겠다. 우리가 아이들에게 꿈을 찾아주기 위해 학교를 다니게 하고, 많은 것들을 배우고 경험하게 해주는 것처럼 자신에게도 그런 기회와 시간을 주었으면 좋겠다. 나중에 여유가 생겼을 때 말고 지금, 틈만 나면 말이다.

물론 다시 시작하고 싶고, 지금과는 좀 다르게 살고 싶어도 현실적인 걱정과 두려움이 앞을 가로막기도 한다. 그럴 땐 『다른 길로 가』라는 그림책을 읽어보길 권해드린다. 어느 날 문득, '지금 내가 제대로 가고 있는 건가?' 싶은 그런 날이 있다. 정확한 이유는 알 수 없지만 그냥 이 길이 아닌 것만 같은 그런 기분이 들 때 당신이라면 어떻게 할 텐가. 이 책에서는 과감히 방향을 틀어 다른 길로 가보라고 말한다. 그런데 그러기 위해서는 우선 내려놓아야 할 것이 있다. 그것은 '걱정'이다. 걱정은 내가 다른 길로 가지 못하게 소리치고 붙잡는다. 또 걱정을 내려놓는다고 해서 바로 신나게 새로운 방향으로 나아갈 수 있는 것도 아니다. 그 뒤에도 의심, 두려움, 좌절감 등이 계속해서 나의 발목을 붙잡으니 말이다. 그러나 용기를 가지고 그것들을 하나씩 내려놓기 시작한다면 우리는 분명 새로운 길을 찾을 수 있다.

'그냥 살던 대로 살아. 이제 와서 피곤하게 뭘 또 시작하려고 해? 지금 시작해서 뭐 제대로 할 수 있는 게 있긴 하겠어? 그러다가 엄마 노릇도 제대로 못하고 하는 일도 실패하면 어쩌려고?'

이런 목소리들은 계속해서 나를 붙잡을 것이다. 그러나 아주 조금이라도 삶의 방향을 바꿔보고 싶다면 용기를 내보자. 어쩌면 내 앞을 가로막는 건 그 누구도 아닌 바로 나 자신일지도 모른다.

평범하게 회사 생활을 하던 워킹맘이 어느 날 갑자기 책방을 하겠다며 회사를 때려 친 것, 그것이 나에게는 다른 길로

가는 첫 시작이었다. 물론 여전히 책방의 앞날을 걱정하고, 잘하고 있는 건가 의심하고, 이러다 망하면 어쩌나 두려워한다. 때론 '역시 책방을 하는 건 미친 짓이야'라며 좌절감도 느끼며 살아가고 있는 중이다. 그럼에도 어떻게 아이 둘을 키우면서 책방도 운영하고, 강사 활동도 하고, 작가까지 되었냐고 묻는다면 내 대답은 이거다.

"어느 날 다른 길로 가기로 마음먹었더니 그렇게 됐어요."

아직도 이 길이 내가 찾던 그 길인지는 확실히 모르겠다. 이 길 끝이 낭떠러지일 수도 있고, 막다른 벽일 수도 있다. 그럼 어떻게 하냐고? 뭐, 또 다른 길로 가면 되는 거지. 그것도 안 되면 막다른 길의 틈을 비집고 끝까지 꽃을 피워보련다. 엄마는 다 할 수 있다. 엄마니까, 오늘도 용기를 내본다.

데굴데굴 굴러온 6년

 종종 나에게 책방을 운영한 지 얼마나 되었냐고 물어오는 사람들이 있다. 6년이 넘었다는 말을 전하면 상대방도 놀라고, 나 스스로도 조금 놀랄 때가 있다. 언제 시간이 이렇게 흘러갔는지……. 길다면 길고, 짧다면 짧은 시간이지만 작은 동네 책방으로서는 6년이면 꽤 오래 살아남은 셈이다. 물론 나 스스로는 항상 제자리걸음 같다는 생각을 많이 하지만 말이다.

 다른 책방들이 폐업을 한다는 소식을 전할 때마다 나 또한 많이 흔들렸다. 내가 그들보다 나을 것이 하나 없는데 나는 왜 계속 이렇게 버티고 있을까. 차라리 다 내려놓으면 더 편해지지 않을까. 괜한 오기로 내가 가족들을 힘들게 하고 있는 건 아닐까. 그런 생각들이 시시때때로 나를 괴롭혔다. 노력해도 성과가 잘 나오지 않을 때는 깊은 무기력에 빠지기도 했다. 어차피 뭘 해도 안되는 일이라고 그저 시간이 흘려보냈다. 알고 나면 더 무서울 것 같아서 한동안 책방 매출도 전혀 계산해 보지 않고 지내오기도 했다. 책 한 권 팔아봤자 푼돈이라며 감사함을 잊고 지낸 적도 많았다.

한번은 어린이 전집을 주로 출간하는 출판사의 임원이 책방에 찾아온 적이 있었다. 이것저것 열심히 하는 모습이 보기에는 참 좋은데, 과연 돈이 될까 싶어서 궁금해서 찾아왔다고 말이다. 나와 이런저런 이야기를 나눈 후에 그분이 나에게 이런 말을 건넸다.

"사장님은 장사꾼은 아니네요."

책 파는 일을 하고 있지만, 책 팔아서 돈 버는 사람은 아니라는 뜻이었다. 이건 칭찬일까, 아닐까? 책을 단순히 돈벌이 수단으로만 생각해서 어떻게든 파는 데만 급급한 사람은 아니라는 얘기이니 칭찬 같기도 하다. 반면 판매업을 하고 있음에도 물건을 파는 능력은 뛰어나지 않다는 얘기이니 칭찬은 아닌 셈인가? 그러면서 아직 젊으니 하고 싶은 거 하다가 나중에는 그림책 전집을 팔아서 돈을 벌라고 조언을 해주셨다. 진정 그게 현명한 길일까? 아직도 잘 모르겠다.

책 파는 건 이토록 어려운 일인데도 매년 동네 책방은 새로 생겨난다. 새롭게 시작하는 책방을 보면 다들 6년 전의 나보다 잘하고 있는 것 같아 보인다. 책방을 운영하는 방식도, 자신만의 책방을 만들기 위한 아이디어도 다 반짝반짝 예뻐 보인다.

'그래, 책방은 저런 사람들이 해야 하는 건데……'

이런 생각이 절로 들기도 한다. 그런데 가끔이지만 그런 새내기 책방지기들이 나에게 먼저 말을 걸어올 때가 있다. 우리 책방을 항상 지켜보고 있다며, 덕분에 많이 배우고 있다며, 닮아가고 싶다며 말이다. 우리 책방을? 왜? 어째서? 그러면 나는 다시 한번 지난 6년을 돌아본다. 제자리걸음은 아니었는지도 모르겠다. 어쩌면, 그래도 조금씩 계속 성장하긴 했나보다. 정말 다행이다.

큰 성공은 없었지만 그래도 멈추지 않고 6년을 데굴데굴 굴러왔다. 『작은 눈덩이의 꿈』 속 작은 눈덩이처럼. 큰 눈덩이처럼 되고 싶다는 생각 하나로 구르기 시작했지만, 작은 눈덩이에게 구르는 건 마냥 쉬운 일이 아니었다. 구르다 결국 부서져버린 다른 눈덩이를 보며 자신도 그렇게 될까 봐 두려워하기도 했고, 자기 몸에 붙어 편하게 살라는 어떤 눈덩이의 유혹도 물리쳐야만 했다. 무기력하게 햇볕에 녹아내리고 있는 눈덩이를 보며 앞날이 걱정되기도 했을 것이다. 그래도 작은 눈덩이는 계속 굴렀다.

나도 그랬다. 폐업의 두려움도, 다른 길로의 유혹도, 무기력의 시간들도 있었지만 그냥 계속 굴렀다. 그렇게 6년을 굴러왔더니 나도 누군가가 보기엔 제법 큰 눈덩이가 되어있었다. 나 혼자만의 의지로 가능했던 시간은 아니라고 본다. 작은 눈덩이 옆에 까마귀라는 친구가 함께했듯이, 내 옆에도 사람들이 있었다. 잊지 않고 찾아주는 단골들, 서로를 응원해 주는 따또이 멤버들, 작은 책방을 마다하지 않고 찾아주신 작가님과 출판사분들, 그리고 무엇보다 나의 삶을 곁에서 지켜주는 가족들이 있었다. 고맙고 고마운 인연들이다.

나는 아주 큰 눈덩이가 되고 싶은 마음은 없다. 그저 계속 구를 수 있다면 좋겠다. 내 힘으로, 내가 가고 싶은 곳으로. 나의 까마귀들과 함께라면 그럴 수 있지 않을까? 작은 책방의 꿈은 여전히 현재 진행형이다.

꿈을 찾아가는 당신을 위한 그림책 추천

꽃병이 되고 싶어 글 훌리오 토레스·그림 줄리언 글랜더 | 위즈덤하우스

어느 날 뚫어뻥이 말했다. "있잖아. 나 꽃병이 되고 싶어." 황당한 소리라고 생각되는가? 타고난 대로만 살아야 한다고 생각하지 말고 나의 가능성은 내가 만들어 나가보자. 황당한 꿈이라도 좋다. 일단 꿈을 꾸고, 방법은 지금부터 찾아보면 된다.

꿈이 자라나는 말 글·그림 로라 에둥 | 나무말미

누군가 꿈이 무엇이냐고 묻는다면 뭐라고 답할 수 있을까? 이 나이에 무슨 꿈이냐고 하지 말고 한번 곰곰이 고민해 보자. 나는 어떤 세상에서 살고 싶을까, 그 세상을 위해 난 무엇을 할 수 있을까…… 꿈은 꿈꾸는 사람과 함께한다고 한다. 꿈꾸기를 멈추지 말고, 당신만의 꿈을 펼쳐보자.

나의 아기 오리에게 글 코비 야마다·그림 찰스 산토소 | 상상의힘

우리는 누구나 지금보다 더 나은 삶을 꿈꾼다. 어떻게 하면 그렇게 살 수 있을까? 작가가 아기 오리에게 건네주는 지혜롭고 다정한 말에 귀를 기울이고 아기 오리의 모험을 함께 지켜보다 보면 내 안의 무한한 가능성들과 마주하게 될 것이다. 당신의 삶이 더욱 반짝이기를 바란다.

달에 간 나팔꽃 글·그림 이장미 | 글로연

어느 날 낮달을 본 나팔꽃은 달에 가보고 싶다는 꿈을 꾼다. 다짐에 다짐을 거듭하고, 실패와 도전을 반복하며 마침내 달에 도착한 나팔꽃. 그때 나팔꽃의 뒤를 따라 개미 한 마리도 달에 도착한다. 대체 개미는 어떻게 달에 온 걸까? 꿈을 이루기 위해 필요한 것은 무엇인지 고민해 보자.

알바트로스의 꿈 글·그림 신유미 | 달그림

날개가 너무 크고 무거워 단 한 번도 날아보지 못한 새가 있다. 하지만 새는 늘 하늘 높이 날아오르는 꿈을 꾸었다. 그 꿈을 위해 뚜벅뚜벅 외롭고 힘든 길을 걷는 알바트로스. 좌절과 도전을 반복하는 그 인고의 시간 끝엔 무엇이 기다리고 있을까? 꿈의 힘을 믿어보자.

어쩌다 보니 가구를 팝니다 글·그림 이수연 | 길벗어린이

작가라는 꿈 대신 현실에 타협하여 가구 영업 사원이 된 곰 사원. 가구를 사려는 사람들의 속사정을 듣다 보니 그들에게 진정 필요한 건 가구가 아니라는 생각이 든다. 곰 사원은 그들을 통해 자신이 진정으로 하고 싶은 것은 무엇인지 돌아보게 되는데……. 답은 언제나 내 안에 있다.

엠마 글 웬디 케셀만 · 그림 바바라 쿠니 | 느림보

고향 마을을 그리워하는 마음을 담아 그리게 된 그림이 일흔두 살의 할머니에게 새로운 인생을 가져다 주었다. 엠마 할머니는 이제 더 이상 외롭지 않다. 자신이 좋아하는 일을 하고 있으니까. 늦은 나이에 그림을 그리기 시작한 엠마 스턴이라는 화가의 실화를 담은 그림책.

일등석 기차 여행 글·그림 다니 토랑 | 요요

전쟁으로 가족을 모두 잃은 클레멘티나는 남은 돈을 몽땅 털어 드레스 한 벌과 일 년짜리 일등석 기차표를 산다. 일등석에서 자신을 구제해 줄 좋은 남편감을 찾기 위해서 말이다. 그러나 그녀가 진정 원했던 삶은 그런 것이 아니었다. 긴 여행 끝 그녀가 찾은 꿈은 무엇이었을까?

진짜 내 소원 글·그림 이선미 | 글로연

호리병을 문지른 아이의 앞에 지니가 나타났다. 세 가지 소원을 들어주겠다는 말에 하나둘 소원을 빌지만 그건 모두 엄마와 아빠를 위한 소원이었다. 내 진짜 소원을 빌기 위해서는 내가 나에 대해 잘 알아야 한다는데, 과연 내가 정말 원하는 건 무엇일까? 어떤 소원을 빌어야 할까?

파리의 작은 인어 글·그림 루시아노 로사노 | 블루밍제이

파리의 유명한 분수 꼭대기에 인어 조각상이 살고 있다. 인어에게는 꿈이 있는데, 그건 바로 진짜 바다에 가는 것이다. 모두가 반대하고, 모두가 불가능하다고 말하는 꿈이지만 인어는 기꺼이 꿈을 찾아 떠난다. 당신에겐 불가능한 일처럼 보일지라도 망설임 없이 말할 수 있는 꿈이 있는가?

에필로그

당신의 꿈이 무엇이냐 묻는다면

 그림책 강사 준비를 하는 과정에서 '내 꿈의 변천사'를 정리해 발표하는 과제가 주어졌다. 그 덕분에 어린 시절부터 지금까지 나의 꿈들을 하나씩 떠올려볼 수 있었다. 아주 어릴 때 나는 문방구 집 딸이 되고 싶었다. 문방구에 가면 너무 갖고 싶은 것들이 많아서 우리 집이 옷 가게 말고 문방구였다면 얼마나 좋았을까 상상하곤 했었다. 조금 더 커서는 우연히 펼쳐본 인명사전을 보면서 막연히 나도 이런 데 이름이 올라갈 수 있는 사람이 되었으면 좋겠다는 생각을 했었다. 그저 살면서 어느 분야가 됐든지 간에 이름 정도는 남길 수 있는 사람이 되고 싶었다. 꼬맹이 시절 치고는 나름 큰 꿈이었다.
 학교에 다니기 시작하며 조금 더 구체적인 꿈을 꾸게 되었다. 아주 오랫동안 나의 꿈은 선생님이었다. 그 시절에는 딱히 롤모델로 삼을 만한 어른이 많지 않아 가장 가까이서 오래 지켜본 선생님이라는 직업이 내 눈에는 가장 멋있고 좋아 보였다. 그러다가 중학교 때부터 라디오를 즐겨 들으면서 방송 작가를 꿈꾸게 되었다. 그 시절 라디오에 사연을 보내 뽑힌 적도 몇 번 있었고, 전화 연결까지 되어 상품을 받은 적도 있었다.

그래서 전공도 그쪽으로 선택해 대학을 졸업했지만 그 당시 나에겐 좀 더 안정적인 수입이 필요했다. 결국 방송 작가의 꿈을 접고, 매달 월급이 꼬박꼬박 나오는 회사에 들어가게 되었다. 온라인 뉴스를 편집하고 선별하는 업무를 꽤 오래 했는데 나름 적성에 맞았다. 일 잘한다는 얘기도 제법 들었고, 매년 연봉을 늘려가는 재미도 있었다. 그렇지만 회사에 다니는 게 나의 진짜 꿈은 아니었다. 도서관 가는 걸 좋아했던 나는 뒤늦게 사서라는 직업이 눈에 들어왔다. 저렇게 책과 함께 살아가는 직업을 가졌다면 좋았겠다는 후회가 뒤늦게 밀려왔.

'이럴 줄 알았으면 문헌정보학과를 가는 거였는데……'

그땐 이미 늦었다고 생각했다. 돌이켜보면 20대 초중반밖에 안 된 창창한 나이였는데, 왜 새로운 도전을 하기에 늦었다고 생각했을까. 그저 '나중에 늙으면 작은 책방이나 해야지'라는 말로 나를 위로하며 그 꿈은 펼쳐보지도 못하고 끝냈다. 어리고 어리석었던 나는 그냥 계속 회사 생활에만 매진했다. 회사 생활에서 나의 목표는 팀장이 되는 것이었다. 임원도 아니고 그저 팀장이라니, 인명사전에 오르고 싶다는 꿈을 꾸던 아이는 이렇게 꿈마저도 현실과 타협하는 어른이 되어있었다.

그러다 워킹맘이 되면서 내 삶에 새로운 꿈이 찾아왔다. 책방지기가 되는 꿈 말이다. 아이를 낳지 않았다면 아마 계속 회사 생활을 하고 있었을 텐데, 목표하던 팀장이 되는 것을 코앞에 두고 나는 퇴사를 했다. 새로운 꿈에 도전하기 위해서 무언가를 꿈꾸기엔 이미 늦은 나이가 되었다는 건 내 착각이었다. 꿈은 언제든 꿀 수 있는 것이고, 꿈을 이루기에 이미 늦은 나이는 없었다. 책방지기라는 꿈을 이루자 또 다른 꿈도 꾸게 되었다. 강사가 되는 꿈과 작가가 되는 꿈이 그것이었다. 살면서 꼭 한 권은 내 이름으로 된 책을 갖고 싶다던 꿈은 사실 내가 가장 오래도록 가슴에 품고 있었던 꿈이었다.

이렇게 쭉 내 꿈의 변천사를 되돌아보니 재미있는 사실을 발견할 수 있었다. 인명사전에는 못 올랐지만 포털 사이트에서 검색하면 나오는 나의 책방 이름 하나는 남겼다. 학교 선생님이 되지는 못했지만 사람들에게 그림책을 알려주는 강사가 되었고, 방송 작가는 되지 못했지만 이렇게 책 한 권은 남긴 작가가 되었다. 사서가 되지 못했지만 책과 함께 살아가는 책방지기가 되었고, 팀장이 되지 못했지만 1인 가게 사장이 되었다. 내가 품었던 꿈들이 그냥 다 헛되이 사라져 버린 것이 아니라, 조금 다른 형태로 결국 다 이루어졌다. 내가 꾸었던 꿈들이 나를 지금 이곳에 있게 해준 것이었다.

그림책을 읽어주며 많은 엄마들에게 이 질문을 했다, 당신의 꿈은 무엇이냐고. 거침없이 자신의 꿈을 말하는 사람들도 있었지만, 선뜻 대답하지 못하는 사람도 많았다. 그러면 하고 싶은 일이 무엇이냐고, 가족 말고 오직 나만을 위한 일은 없냐고 다시 물었다. 끝내 답을 하지 못하는 엄마들이 꽤 여럿 있었다. 이 얼마나 서글픈 일인가. 우리는 모두 꿈을 꾸어야 한다. 그것이 지금 당장은 이루어질 수 없는 헛된 꿈일지라도 상관없다. 꿈꾸지 않으면 아무 것도 이뤄지지 않는다. 조금은 다른 모습일지도 모르고, 생각보다 꽤 오랜 시간이 걸릴지도 모른다. 그러나 결국 내가 꾸는 꿈이 나를 바라던 그곳으로 데려다 줄 것임을 알기에, 나는 오늘도 새로운 꿈을 꾼다.

이혜미

엄마는 그림책을 좋아해

펴낸날　초판 1쇄　2024년 12월 30일

지은이　이혜미
펴낸이　홍성욱
펴낸곳　톰캣
출판등록　2023년 2월 21일(제 2023-000043호)

주소　경기도 고양시 고봉로 20-32
전화　031-811-4774
팩스　0504-372-4774
이메일　tomcat-book@naver.com

ISBN　979-11-985754-3-2　03810

※ 값은 뒤표지에 있습니다.
※ 잘못 만들어진 책은 구입하신 서점에서 바꾸어 드립니다.

책임편집·교정교열　이은찬

톰캣은 열정적인 작가분들의 투고를 기다립니다.
이메일로 작품과 간단한 소개를 보내주세요.